大城市中心城区轨道交通
站域空间环境特征综合评价

马归民　著

东北林业大学出版社
Northeast Forestry University Press
·哈尔滨·

图书在版编目（CIP）数据

大城市中心城区轨道交通站域空间环境特征综合评价 /
马归民著 . -- 哈尔滨：东北林业大学出版社，2024.6.
ISBN 978-7-5674-3622-0

Ⅰ .U239.5

中国国家版本馆 CIP 数据核字第 2024AJ5979 号

大城市中心城区轨道交通站域空间环境特征综合评价

DACHENGSHI ZHONGXIN CHENGQU GUIDAO JIAOTONG
ZHANYU KONGJIAN HUANJING TEZHENG ZONGHE PINGJIA

责 任 编 辑：马会杰
封 面 设 计：乔鑫鑫
出 版 发 行：东北林业大学出版社
　　　　　　　（哈尔滨市香坊区哈平六道街 6 号　邮编：150040）
印　　　装：三河市华东印刷有限公司
开　　　本：787 mm × 1092 mm　1/16
印　　　张：10.75
字　　　数：200 千字
版　　　次：2024 年 6 月第 1 版
印　　　次：2024 年 6 月第 1 次印刷
书　　　号：ISBN 978-7-5674-3622-0
定　　　价：86.00 元

如发现印装质量问题，请与出版社联系调换。（电话：0451-82113296　82191620）

前　言

我国已步入轨道交通全面发展的高峰期，轨道交通成为城市发展的新引擎，为其站点周边城市空间开发带来新的机遇。然而，我国大城市的城市建设已经步入存量规划的阶段。在"存量提质"背景下，大城市中心城区轨道交通站域空间开发实践更多的是针对既有城市空间的再设计，核心任务从"制造新空间"逐步转变为"优化旧空间"，开发方式以城市更新的方式缓慢进行。大城市中心城区轨道交通站域空间环境复杂，科学地评价其既有城市空间的环境特征，以提出有针对性的站域空间优化策略，是当前我国大城市中心城区轨道交通站域空间优化的重要环节。

本书以大城市中心城区轨道交通站域空间环境特征综合评价模型为研究对象，从使用者需求出发，以调研访谈、模型研究、大数据应用、GIS（geographic information system，地理信息系统）技术为主要研究方法，建立大城市中心城区轨道交通站域空间环境特征综合评价指标体系，构建轨道交通站域空间环境特征综合评价模型。

首先，本书依据TOD（transit-oriented development，以公共交通为导向的开发）理论及我国城市建设用地分类的指导，将轨道交通站域空间分为居住空间、商业空间、公共服务设施空间、交通空间、公共开放空间等五大类。其次，在TOD理论、既有相关研究的基础上，运用理论与实际相结合、主观与客观相结合、定性与定量分析相结合的方法，从土地利用及分布、功能构成及交通条件三个方面建立了我国大城市中心城区轨道交通站域空间环境特征综合评价指标体系。最后，针对该评价指标体系，构建了基于层次分析－理想点法的我国大城市中心城区轨道交通站域空间环境特征综合评价模型，评价结果显示：不同类型的站点，影响其站域环境的关键性指标不同，且不同轨道交通站点整体开发水平各有差距，存在的问题也各不相同。该模型可应用于制定站域空间环境特征标准、定位站点类型、评价站域空间环境优劣、制定站域空间优化策略、预测站域空间环境发展趋势等方面。

本书是针对轨道交通站域空间开发的基础性研究，分析了轨道交通站域空间环境构成要素，构建了轨道交通站域空间环境特征综合评价模型，旨在为我国大城市中心城区轨道交通站域空间优化的决策与设计提供理论和技术参考。

在本书的撰写过程中，作者不仅参阅、引用了很多国内外相关文献资料，而且得到了同事亲朋的鼎力相助，在此一并表示衷心的感谢。由于作者水平有限，书中不足之处在所难免，恳请同行专家以及广大读者批评指正。

作者

2024 年 5 月

目　　录

第 1 章 绪　　论

我国轨道交通因具有高效、快速、低耗等优势，在城市化进程中运用广泛。截至 2020 年底，中国城市轨道交通协会统计显示，我国已开通运营轨道交通的城市由 2000 年的 4 个城市猛增至 43 个城市，且符合轨道交通建设门槛的城市有 82 个，国家迎来了轨道交通全面与快速发展进程。轨道交通的发展不仅促进了轨道交通沿线站点地区土地高密度利用、高强度开发，使站点地区具有多样性的用地功能，还形成了轨道交通站域空间围绕站点集约发展的模式，给其周边城市空间的开发提供了新的机遇。但是，我国城市的建设已逐步迈入存量规划的阶段。在"存量提质"的背景下，我国大城市中心城区轨道交通站域空间开发有自己的特点，国内原有较多的用地构成等宏观规划层面的研究和建筑空间设计等微观层面的研究，已不能完全满足时代背景下大城市中心城区轨道交通站域空间建设发展和管理的需要。因此，新时期大城市中心城区的轨道交通站域空间开发成为当下及未来城市建设领域的重要议题。

1.1　研究背景

1.1.1　轨道交通在我国的迅猛发展

我国提出城市交通"公交优先"的政策，以适于全球倡导的发展绿色化、集约化、立体化、有机化的未来城市，引导我国轨道交通建设全面、快速地发展。截至 2020 年 12 月 31 日，已开通运营轨道交通的城市在我国已达到了 43 个，开通运营线路共计 245 条，总运营里程达 7 655 km（表 1-1）[①]。2020 年底，我国有 57 个城市（个别项目由地方政府批复而未纳入统计）线路在建总规模为

---

① 数据来源：中华人民共和国国家统计局。

6 797.5 km（含 2020 年的项目和个别 2020 年当年仍有投资发生和建设进展的已运营项目），线路 297 条（段）在建。其中，在建线路 3 条及以上的有 31 个城市，若在此基础上再加上已运营线路，则在建和运营线路超过 3 条的共有 34 个城市，23 个城市线路在建长度超过 100 km。在我国，共有 65 个城市已经获得城市轨道交通建设批复（含 21 个地方政府批复的城市），其中除 43 个城市已经开通运营城市轨道交通外，还有 22 个城市（台州、黄石、渭南、洛阳、南平、泉州、绍兴、芜湖、南通、包头、安顺、红河州、毕节、泸州、文山、德令哈、嘉兴、张掖、瑞丽、保山等）已经规划城市轨道交通（含有轨电车）线路，线路规划里程（已开通运营的线路不包括在内）达 6 701 km。可见我国已进入轨道交通快速、全面发展时期，轨道交通的重要作用在城市发展中逐步显现，多线、网络化发展已成为轨道交通的必然趋势。

表 1-1　2020 年底我国城市轨道交通运营数据统计

排名	城市及最早通车年份	运营线路/条	总运营里程/km
1	上海（1995）	16	783.777
2	北京（1969）	21	727.849
3	广州（1999）	14	530.610
4	成都（2010）	12	518.960
5	深圳（2005）	12	431.083
6	南京（2005）	10	394.780
7	武汉（2004）	11	386.403
8	重庆（2004）	10	341.730
9	杭州（2012）	11	307.180
10	青岛（2015）	6	258.120
11	西安（2011）	8	243.120
12	天津（1984）	6	239.858
13	沈阳（2010）	4	214.590
14	苏州（2012）	5	210.159

续表

排名	城市及最早通车年份	运营线路/条	总运营里程/km
15	郑州（2013）	7	204.038
16	大连（2002）	4	183.350
17	长沙（2014）	6	160.998
18	宁波（2014）	5	154.550
19	昆明（2012）	5	138.390
20	长春（2002）	5	117.250
21	合肥（2016）	5	114.780
22	南宁（2016）	5	108.200
23	无锡（2014）	4	89.420
24	南昌（2015）	4	88.710
25	厦门（2017）	3	71.900
26	石家庄（2017）	3	59.730
27	福州（2016）	2	54.918
28	温州（2019）	1	53.500
29	呼和浩特（2019）	2	49.039
30	济南（2019）	3	47.670
31	徐州（2019）	3	46.120
32	东莞（2016）	1	37.800
33	贵阳（2017）	2	35.110
34	常州（2019）	2	34.240
35	哈尔滨（2013）	3	30.600
36	佛山（2010）	2	28.070
37	乌鲁木齐（2018）	1	27.300
38	兰州（2018）	1	25.900
39	太原（2020）	1	23.647

续表

排名	城市及最早通车年份	运营线路 / 条	总运营里程 / km
40	淮安（2017）	1	20.300
41	天水（2020）	1	12.900
42	珠海（2017）	1	8.920
43	三亚（2020）	1	8.370

1.1.2　轨道交通站点对其站域城市空间的影响

轨道交通的建设，无论是从宏观的城市结构还是从微观的城市节点空间，都全方位地对城市空间产生直接影响，这为城市的发展提供了新引擎。

1.1.2.1　形成围绕站点集约发展的轨道交通站域空间

轨道交通具有速度快、运量大、安全准时等特点，不仅可以提高人们的出行效率，还可以减少日常出行费用。国内很多城市在轨道线路开通前，甚至普遍出现已经先行发展站点周边房地产的现象。这主要是由于与交通区位因素联系最为紧密的各种服务性功能，在轨道交通建成后，能迅速聚集向轨道交通车站联系，大幅度提高了车站周边地区的可达性，而且前往其他城市空间所需要的时间也被直接缩短了，居民居住在车站周边意愿的不断提升。为满足沿线持续增长的常住人口对日常生活、学习、工作、休闲、购物等活动相应配套空间的需求，站点周边的其他城市功能空间也得到了很大的发展。

与此同时，轨道交通沿线地区可达性的提高，带来了大量的人流聚集，促使土地高密度利用和高强度开发。轨道交通站域土地增值收益在其周边经济良好发展的影响下得到了很大的提高，另外，轨道交通系统改善了沿线站点地区的区位条件，促进站点地区相互联系，增强了土地之间的关联性，使轨道交通沿线地区形成联动效应，进而促使土地价格上涨。相关研究表明，随着与轨道交通站点距离的增加，轨道交通对周边房地产价格的影响逐渐减小，以站点为圆心呈现出圈层式递减。

因此，在轨道交通影响的有效范围，轨道交通促使沿线站点地区土地高密度利用、高强度开发，吸引聚集了多样性的用地功能，周边形成了围绕轨道交通站点集约发展的站域空间模式，如图 1-1 所示。

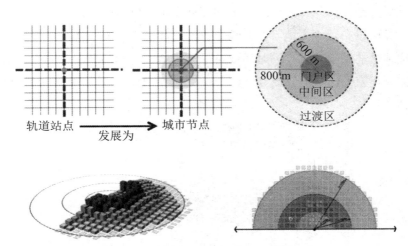

图 1-1 轨道交通站域空间发展示意图

1.1.2.2 重构站域城市空间的功能区域结构和空间形态

轨道交通站域功能区域的圈层分布取决于其形成机制。轨道交通的发展直接或间接提升了土地的价格，受土地价格的影响，可达性较强的地区多聚集地租承受能力较高的用地类型，形成由可达性决定的功能结构梯度、开发强度梯度以及土地价格梯度。因此，站点周边地区在城市发展过程中，呈现出用地逐渐向商业、办公、居住及公共绿地等类型的转变，吸引聚集了地租承受能力强、收益高、利润大的办公和商业用地；相反，工业和仓储等地租承受能力弱，影响周边商业价值和居住的用地则受到了排斥。简而言之，高密度的内圈层会集中具有高额租金支付能力的商业空间，中圈层常分布办公、旅馆等功能空间，外圈层大多分布些居住空间。

1.1.2.3 促进站域空间立体化发展

城市在快速发展下，用地的不断减少逐渐增大了交通压力，尤其是常因人流聚集而导致交通堵塞和缺乏城市公共空间的城市核心区或中心区，人们认识到要延伸到地下空间，不能仅开发地上和地面空间，要形成地下、地面和地上的城市空间三层结构。所以，城市轨道交通的出现，既使城市的交通压力得到了缓解，又促进了城市地下空间在城市核心区和中心区地铁站点的开发建设。

轨道交通的使用空间常位于地下，对轨道交通围绕站点地下空间的建设可延伸到周边的建筑地下层，并适当地新建地下建筑，使它们连通起来，地下建筑综合体就形成了。地下建筑综合体规模庞大，出入口的设置也会结合周边建筑的地下层，形成地面出入口结合地上公共交通系统，既满足了地铁站点换乘中人流的需要，又可以布置大型地下商业综合设施，与城市地面功能形成互补，完善了站点周边地区的城市功能，同时还促进了城市地下空间的开发与利用，形成了站域范围内城市空间结构的三层立体化——地上、地面、地下空间相结合，如图 1-2 所示。

图 1-2   重庆沙坪坝站立体化开发示意图

1.1.3   城市建设由增量向存量的转变

站域城市空间的建设与发展，在从轨道到交通网络的全面发展中有了新的机遇，虽然轨道交通已在我国大部分城市开通，但是大多数城市的轨道交通站域空间发展却并不充分，特别是大城市中心城区，轨道交通引领城市发展的优越性并未能完全体现出来。如表 1-2 所示，除了深圳、广州、上海和北京等特大城市外，大多数城市的轨道交通都开通于 2010 年以后，轨道交通站点开通时，其周边城市用地往往已经开发较为成熟，无法与轨道交通共同进行规划利用。

表 1-2   我国城市建成区面积增长情况统计

年份	2000	2005	2010	2016
全国城市建成区面积 /km²	2.24×10^4	3.25×10^4	4.01×10^4	5.27×10^4

资料来源：中华人民共和国国家统计局。

同时,国家统计局2020年统计数据显示,城镇化水平在我国已由17.92%(1978年)上升到63.89%(2020年),人口在城镇化的快速发展下首先得到了持续增长,2000年以后尤为迅猛。以北京市为例,第六次全国人口普查(2010年)显示的数据表明,相较于第五次全国人口普查(2000年),全市常住人口为10年及以上的共增加了60.4万人,已达到1 961.2万人,平均每年增长60.4万人,增长率为44.5%,年平均增长率为3.8%。我国的建设用地面积因人口增长呈现爆发式扩张,导致城市空间无序蔓延、土地粗放化利用现象严重。我国城市建成区总面积由2000年的2.24×10^4 km^2扩大到2016年的5.27×10^4 km^2,增幅明显,同时,土地利用浪费的现象也随着城市规模的扩大越来越严重。统计数据显示,我国人均城市建设用地超过130 m^2,约40%的城市用地利用效率低下,4%~5%的城市用地处于闲置状态。

国家为此出台了多项应对政策,以阻止这一局面的继续发展。2016年为鼓励通过"减量瘦身"建设用地,倒逼提升城市功能,国土资源部联合国家发展和改革委员会印发《京津冀协同发展土地利用总体规划(2015—2020年)》。此前,《国土资源"十三五"规划纲要》也提出,对超大和特大城市中心城区原则上不安排新增建设用地计划。由此可知,在未来一段时间内,随着我国宏观政策导向的转变和城镇化进程的推进,大规模的旧城改造和新城建设项目会减少,特大城市和大城市的发展方式也由存量更新逐渐替代以往的增量拓展,城市建设的主要内容将转变为对已建街区的优化和谨慎更新。

1.1.4 新时期我国大城市中心城区轨道交通站域空间开发的特点

在我国城市空间发展逐渐转向存量领域的新形势下,我国大城市中心城区轨道交通站域空间开发过程有其自身的特点。

1.1.4.1 开发方式以城市更新为主,工作重点转向"优化旧空间"

随着宏观政策导向的转变和城镇化进程的推进,在我国当前城市转型的背景下,用地整合规划范式 —— 传统理想化的交通,这种彻底的城市改造和依赖政府较大规模的投入开发等行为,特别是在大城市中心城区,其可实施性正在减弱。新时期我国大城市中心城区轨道交通站域空间开发更多地以城市更新的方式进行,工作重点将转向针对站域原有城市空间的再设计。

1.1.4.2 站域空间建成环境复杂,空间优化受诸多条件限制

在"存量提质"的背景下,新时期我国大城市中心城区轨道交通站域空间开

发的工作重点将转向针对站域原有城市空间的再设计，轨道交通站域空间开发实践将转向存量用地优化挖潜、空间与功能融合、人文风貌展现、公共空间品质提升等方面。然而，处于大城市中心城区的轨道交通站点，其站域空间环境现状往往较为复杂，城市问题较为突出，存在着诸如土地资源的稀缺、城市空间同质化严重、交通接驳不畅、与轨道交通一体化开发程度不足等问题。相较于推倒重建的"创造新空间"，"优化旧空间"对有关城市规划部门和城市设计工作者提出了更高要求，在站域空间优化策略的制定过程中，需要对站域既有城市空间环境进行深入分析，科学地提出更具针对性和更加精细化的优化策略。

1.1.4.3 权益主体多元，公众参与度提升

在我国，轨道交通属于准公共产品，主要依靠政府的财政补贴扶持开发，而轨道交通沿线物业往往分属于不同权益方。传统轨道交通站域空间开发的手段为拆迁补偿、土地收储重新出让。在存量规划阶段，由于地面建筑容积率高、密度大，以及房屋产权在零散个体手中，形成复杂、分散的权益分配，因此，土地再开发收益要兼顾到各方。在轨道交通站域既有城市空间的优化过程中，需要协调多方面的矛盾。首先，需要协调多方权益所有者、社区公众、规划管理部门之间达成一致的空间优化目标；其次，在长期的城市空间更新过程中，需要协调短期开发利益与长期规划、个体项目与总体发展目标、经济效益与社会效益、项目规模及周边设施容量与环境承载力间的矛盾。因此，在轨道交通站域空间优化的过程中，作为物业权益所有者和站域空间的使用者，其参与度也将提升。

1.2 国内外相关研究文献综述

1.2.1 国外相关研究进展

1.2.1.1 TOD 理论及相关实践的研究

（1）TOD 理论的发展。

以公共交通为导向的开发（transits-oriented development，TOD）理论起源于美国，发展于日本、新加坡，在欧洲也别有特色。TOD 理论最初是指通过提高土地利用的多样性和密度，改善土地利用单一性和低密度的空间蔓延，在快速公共交通站点周围建立围绕其发展的土地模式，通过减小小车的使用率来控制郊区式无序拓展模式。"花园城市"由英国霍华德提出，这一理论被美国引入后，房

地产商在很长时间内将获取土地周边用地和利润的方法转为发展交通工具。在此影响下，有轨电车逐渐衰退，取而代之的是小汽车工业的不断扩张，为了维持公交系统高额的运营补贴款，政府和公交机构不得不采取出让土地的方式，这致使空间和场所的营造逐渐被忽视，只强调功能的划分，开发方向也转变为以汽车工业和土地规模为主导，随之而来的是城市"离心化"发展、城市蔓延低密度化以及交通的堵塞。为了解决上述问题，规划学者们提出了更高效的城市可持续开发体系，大批区域规划理论应运而生，如应对城市割裂、公共空间衰减环境污染等的邻里单元、雷德朋社区和步行口袋理论。

20世纪90年代初，研究者们秉承以TOD理论和传统邻里设计为主导的新城市主义发展理念，打造友好、方便的步行环境以及就业居住人性化的空间模式，提倡新传统主义物质空间设计，主要针对与公共交通相关联的邻里尺度，并出现了公交支撑发展、公交邻近发展、城市公交村庄等围绕公共交通发展的概念，同时，提供了基础理论参考以适用于形态控制准则。

自2008年，融入绿色生态理念的5D原则被塞维罗提出后，TOD理论得到了很大程度的发展，倡导打造友好方便、可持续发展的生态环境走廊以适应新时期的城市更新。

（2）TOD理论下的轨道交通站域空间开发实践研究。

①美国。美国研究者认为，TOD在城市的可持续发展中以公共交通系统的大容量集中为导向，站域开发的强化集约混合模式可以通过物理设计来实现，并且通过回归传统空间形式语言的手法打造深层次的社区价值。例如，旧金山以提高交通接驳质量为前提，加强了TOD社区与公共交通的联系，提出了快速公交走廊的规划；加利福尼亚州的小型社区制定了多样化的住房机制，社区服务业和零售业都得到了飞跃发展，同时与道路两侧的视觉联系也被增强了。总的来说，美国受其资源条件和地域习惯等影响，很难脱离以小汽车为导向的城市开发模式。

②日本。日本在轨道开发的同时已经规划设计了轨道交通的建设，这样两个方面可以实现优化同步，更好地协调发展。但是，在日本TOD模式又被称为"郊外铁路与城市一体化开发"模式，与美国的TOD模式有很大差别，这种"民用铁路经营商业模式"的实施单位为大型日本私人铁路公司，城市开发和铁路建设都由统一的开发主体来承担，使得政府在参与程度上受限，铁路的开发会直接影响到城市开发的效益。

③新加坡。新加坡一体化的规划机制具有很强的调节力度。在核心城市中心的环形区域外以绿化为分隔，外围规划了一系列的职住组团，并且二者可以通过道路和轨道来连接。新市镇的布局方式以公共交通为导向，建筑物的布置会围绕邻里中心或市镇中心，公交车站建设与中心相结合，配备了完善的公共活动空间和娱乐、商业、服务设施等，同时还建有与周围住宅相连接的步行系统。因土地规划与城市交通发展相协调，可以通过公交网络将城市各重要活动有机联系起来，使人们的出行方式主要为公共交通，并且以注重提高公交的服务质量为前提，限制使用小汽车，纳入交通管理需求政策，城市的发展逐渐形成以公共交通为主导的形式。

④法国。法国在规划公共交通的建设方面，紧密联系城市发展、社会发展、经济活动以及出行活动，并且这一社会公益服务属性会以国家立法的形式来确立。规划以法律为基准，突出其约束性和强制性，在此基础上进行空间分区，并且强调空间配置中经济主体的重要特点，因规划形成后，地方政府及开发主体都不能再对其进行更改，所以需通过立法规定最大限度地降低规划中存在的不确定性。与此同时，法国又制定了公共交通税政策，这也为保持城市健康可持续发展做出了贡献。法国不同于其他国家，发展公共交通的途径并不是通过获取土地价值来实现的，"公共交通税收是理所应当的"——这是民众在长期以来的政策环境引导和社会默契下所达成的共识。在税收政策的引导下，公共交通由社会主导、政府引导的雇主雇员经济关系的模式取代公共交通由政府主导的模式，使政府减少了投资成本以及运营成本，与所处区域的整体利益捆绑在一起，但是，大量的企业为了避税增加利润，存在雇佣少量员工的缺点。以巴黎大区为例，实践证明区内公共交通税缴纳较多的区域为公共交通服务的连续地带。同时，公共交通服务水平的提高，也可以带来减小省际交换量规模、提高职住空间的均衡性、增强发展的独立性等优势。

⑤英国。伦敦重要的空间战略之一即为《伦敦规划》，已颁布三版，即2004版、2011版以及2021版。《伦敦规划（2004）》中提出城市中心体系的构建可以利用城镇中心网络；《伦敦规划（2011）》中提出了城市中心体系的完善要以整合城市发展关键政策为依据；《伦敦规划（2021）》中提出了TOD伦敦模式，形成公共空间发展的TOD模式与城市中体系的空间耦合关系。已颁布的三版《伦敦规划》中提出了城镇中心网络政策及TOD模式与城市空间体系耦合的关键性

理念，空间关系的处理，宏观层面注重城市空间融合、中观层面关注交通空间的叠加、微观层面强调空间要素的整合，城市中心体系一系列政策的实施，使TOD伦敦模式发展迅速。

（3）小结。

TOD理论在国外发展较为成熟，已广泛应用于轨道交通站域空间开发的指导建设，TOD模式被认为是解决交通拥堵、环境污染、土地资源紧缺等城市问题的有效途径。TOD的概念最早由建筑师卡尔索尔普提出，在美国起源，这种模式以步行系统为基底，以公共交通为枢纽，城市各种职能集约发展。TOD模式主要依托于公共汽车干线及轨道交通，如地铁、轻轨等，以公交站点为中心建城市中心或中心广场，以500~800 m（步行路程5~10 min）为半径，形成"混合用途"——集商业、工作、公共服务和居住于一体的特点。

从TOD理论的发展来看，世界各地对TOD的理解和实际应用不尽相同，但具有诸多共同的显著特征和愿景目标。其共同特点包括以下几个方面。

①开发建设活动以交通走廊或大容量公共交通站点为核心；

②轨道交通影响的范围内土地利用布局集约紧凑，并且用地功能多样化；

③服务设施的设置应在满足生活工作需要的步行可达范围内，街道步行系统和自行车交通环境良好，不排斥使用小汽车，在一定程度上为使用公共交通工具创造发展空间。

1.2.1.2　轨道交通站域空间环境的综合评价

美国交通拥堵缓解计划（traffic congestion relief program，TCRP）102期报告（2002）中指出，在TOD成效评价指标上调查了96个组织（如城市规划部门、铁路公司、公交公司等），包括社会、经济、居住、出行和环境等方面，共获得五大类别（含评价指标56个），且按照使用频率对其进行排序，最终评价指标就形成了。

Renne、Well（2005）等学者发布了《新泽西州的公共交通城市：评估和可计量性的建议》报告。其中提出了TOD成果监测，用以衡量影响生活环境、经济活动、社会政策、交通方式和宜居社区的列表，每年的监测和记录工作建议由州、地方政府及相关机构来完成；并通过大规模社会调研的手段确定评价指标，同时又从中选取10个受到广泛认可的关键性指标。这一成果形成了衡量TOD的评价内容与指标体系的雏形。

John L. Renne（2005）在《以公共交通为导向的城市发展：形成一种衡量成功的策略》的报告中研究总结以往的成果，并且组织实施了规模更大的调研活动，最终形成了衡量 TOD 成效的框架结构体系，包括 5 种类型（建成环境、社会环境、自然环境、出行交通行为、地方经济等类型）共 56 个指标。如"建成环境"类型中有指标 10 个，城市设计的品质、土地使用、步行的友好性等为主要的内容。但是，不足之处还是存在的，相较于城市规划和设计，该体系并未涉及区位可达性和与公共交通的联系等特征。

Cervero、Sullivan（2010）提出绿色交通引导城市的概念，同时也提出紧凑与混合利用、零排放、能源自给自足、停车需求管理、社区花园和绿色建筑等应纳入考虑范围的环境效益指标。

Ding Chuan 等（2012）为建立基于 TOD 模式的城市轨道交通与周边土地利用关系评价指标体系，分析了评价指标体系的适用方法和原则，提出了基于数据包络分析（data envelopment analysis，DEA）模型的评价流程框架，然后基于 TOD 模式下城市轨道交通与土地利用的互动关系，从城市轨道交通系统和土地利用系统中选取评价指标。

Han Fei 等（2013）运用频率尺度－模糊综合评价方法，探讨了现代城市发展的不足之处，并利用 Matlab 对这种方法进行可视化，对城市 TOD 发展提出了可行性建议，以指导城市的可持续发展。

L'Hostis、Darchen（2015）分析了已建法国轨道站域特点，其中利用巴黎大区地理空间等数据，并借鉴了 TOD 要素对关键性指标进行定义，提供 TOD 新建项目在高密度环境下的规划和建议。研究选取了地铁、铁路、轻轨等独立轨道交通站点共 883 个，对其设定指标阈值采用查阅文献的方法，且在适用性上对比实际数据的验证阈值。

Lyu、Bertolini（2016）的研究以北京地铁为例，结合主要国际文献中引证的 TOD 指标，并且对北京 TOD 不同专业工作的 15 位专家进行意见收集整合，扩展节点，最后确定了 94 个站域定量评价指标，主要围绕功能与形态导向、发展组成、公共交通三个维度。地铁站区被分为 6 种 TOD 站域类型，采用多层次聚类分析及主成分分析的方法，在此基础上，制定了一系列的优化方法指导投资建设、规划开发、设施供给等策略，骑行者或行人站域内环境友好型特征以及公交节点与场所功能的紧密联系性更加突出。

　　Zhang Heng 等（2016）建立了 TOD 评价标准，制定了符合可持续交通原则的 TOD 选址标准。研究采用模糊德尔菲法选取满足可持续运输原则的 TOD 评价标准，并应用模糊分析网络法（fuzzy analytic network process，FANP）确定相关规划标准的权重。根据加权评价标准，高密度发展的环境承载力是最关键的评价标准，而居住地可达性的平等是最不关键的评价标准。通过使用地理信息系统，按照 TOD 评价标准，对新北市快速轨道交通系统安坑线各车站的性能进行了评价，为规划单位在可持续交通原则下承担未来 TOD 项目提供参考。

　　Mohammed 等（2020）进行了批判性文献回顾、通过功能和基准研究进行的价值工程分析，然后使用线性规划对其进行优化，以制订 TOD 模型的基线计划，并将雅加达四个轻轨车站作为案例研究，以表示模型实施、乘客量评估和优化设计。优化结果表明，办公室工作人员构成了最多的过境乘客，其次是在酒店、商业、零售和住宅用户中工作的人员。研究还发现，优化 TOD 的设计可以使每天的轻轨乘客数量增加高达 55%。

　　Zhou 等（2020）的研究以深圳市为例，将 TOD 指标与 TOD 目标结果之间的关系作为研究对象，利用开放数据和大数据进行定量分析，例如以 TOD 站点为核心的中心属性，以及到中央商务区的时间等。TOD 结果能够被 TOD 属性指标所预测，这样现有 TOD 有关原则和规划指导方针也可被规划者重新验证，实现传统数据无法达到的细化 TOD 分析和设计，与当地的实际情况相适应。

　　综上所述，国外对轨道交通站域空间的开发评价体系主要有两个方面，一种评价体系是以评价方法为核心、过程为导向，另一种评价体系则是以评价指标为核心，以目标为导向。评价方法常使用土地利用和交通一体化模型，涵盖了土地开发强度、土地价值、慢行系统及可达性等评价指标。虽然已有学者利用评价体系对轨道交通站域空间开发的整体实施效果进行了评价，并对实践案例进行追踪研究，但对于有效的评价指标体系及调查数据的获取方法仍然处于继续深入研究过程中。

1.2.2　国内相关研究进展

1.2.2.1　TOD 理论及相关实践的研究

　　随着国外城市交通和空间一体化的发展，国内很多学者在如何解决大城市交通拥堵等方面，研究了 TOD 的概念、作用，理论与实践相结合，探讨了 TOD 理论对我国的启示作用。

（1）TOD 理论的相关研究。

陈斌（2011）对轨道与土地利用结合的城市发展模式进行了深入剖析，并结合新加坡等地的考察结果，对轨道站点分类模式进行思考和对广州市轨道站点开发模式进行反思，并提出了有地方特色的 TOD 发展模式理念。

丁川、林姚宇等（2012）主要研究了轨道交通供给容量在运营阶段最好的提升机会以及轨道交通站点开发的时序，分析了 TOD 模式下沿线土地利用与城市轨道交通的互动关系。

交通与发展政策研究所（2013）提出了《TOD 标准》，其中包括私人机动车使用量的最小化，温室气体的减排与减少汽车使用所导致的其他负面的外部效应。《TOD 标准》认可在高容量公共交通站点步行范围以内的开发项目，应体现支持、鼓励和优先公共交通、步行、骑车及其他非机动化交通模式的城市设计和土地利用的特点。

孙怀鹏（2014）分析了我国在 TOD 发展模式上遇到的问题，以及 TOD 模式下生态化的景观规划设计发展方向，从宏观、中观、微观三个层面进行了研究。

郑悦（2015）将 TOD 理论与我国城市住区规划现状相结合，从土地使用策略、交通模式、社区场所感三个方面研究了 TOD 对城市住区规划的指导原则。

杨杰云、赵晓龙（2016）在 TOD 及绿地系统规划的双重视角下，总结了 TOD 模式下城市绿地系统与公共交通系统空间形态耦合的发展趋势，即城市点状绿地、城市线状绿道、城市面状外围绿地，与之相对应的公交站点、交通走廊、轨道站点形成的耦合发展关系。

王有为（2016）分析了美国 TOD 规划理论产生的历史背景，以及中美城市在发展阶段、人口密度、土地所有制、公共交通投资体制、文化背景的差异性，并指出美国的 TOD 规划理论并不能完全适用于中国城市，将中国城市发展现状与 TOD 规划的核心理论相结合，发展中国特有的 TOD 规划发展模式。

何冬华（2017）采用历史还原法，以广州市轨道交通站点为例，研究近 30 年来的地形信息、土地权属信息等，从城市空间发展、开发主体与政策体制的角度分析了 TOD 的特征与作用机制，指出 TOD 核心区内土地利用性质、开发强度与空间组织等具有叠加演进规律，归纳出适宜特大城市中心区的紧凑 TOD 圈层土地利用模式。

　　牛韶斐（2018）以绿色 TOD 建成环境为研究对象，采用定性与定量相结合的研究方法，探究影响其指标权重和关键性因素的条件，为绿色 TOD 建成环境评价体系的建立提供了指导和依据，在此基础上提出相应的规划设计方案，从理论层面和实证层面进一步丰富和完善了绿色 TOD 理论体系。

　　华玥、程苏晶等（2018）针对近些年国内城市化快速发展过程中，机动车成为交通主导带来的城市问题及目前国内轨道交通综合体（TOD）的不足之处，提出将自行车体系与 TOD 模式进行融合，形成新的"B + TOD"模式。

　　夏正伟（2019）对已有的关于 TOD 效能的实证性研究进行系统性分析，探寻 TOD 效能及其影响因素的一般性规律，主要运用网络分析法，研究轨道交通站点区域的优化建设，以及在 TOD 效能的影响下各关键指标和组群关系在不同要素间的构建。

　　刘泉（2019）从城市层面对 TOD 规划结构形态进行了解读，并提出在现阶段，TOD 规划结构形态类型存在多种形式，因而应该从历史上理想城市模型中吸取经验，构建从城市整体视角分析 TOD 规划结构形态的思路，并进行分类研究，将 TOD 规划结构形态划分为点轴模式、带状模式、放射模式、环状模式、组团模式和网络模式 6 种主要类型。TOD 规划结构形态多样性来源于轨道建设与城市结构结合的多种关系，在对城市 TOD 规划结构形态进行构建时，应该从空间结构的复合性、发展时序的动态性以及建设机制的多样性视角切入，形成更为合理的发展模式。

　　吴夏安、徐磊青（2020）从概念、特征、空间结构等维度分析了 TOD 模式与社会生活圈，探究前者在后者建设中的可行性及现实需要，以及对二者的共同特性进行了归纳整理。研究通过建立指标模型的方式，对 TOD 模式下生活圈的适宜密度水平和范围大小进行了分析，提出利用 TOD 模式进行生活圈建设时，密度不宜低于 4 万人 / km²，范围不超过 800 m。

　　刘泉、钱征寒等（2020）探讨了在智慧城市建设背景下，TOD 模式如何演变，并提出，未来城市中轨道站点 TOD 模式不会被"去掉"，但内涵会发生变化，TOD 模式将利用新技术在 TOD 化和去 TOD 化的对立中取得平衡，形成结构更为完整的簇群化结构。智慧技术将影响和创新 TOD 内涵发展的新变化：首先，在鼓励慢行的基础上，自动驾驶等新技术将加强站点地区与周边区域的连接；其次，在功能混合的基础上，TOD 将在主要节点形成服务智慧创新发展的原生功能；再次，在紧凑形态的基础上，TOD 单元将形成更灵活的多中心、簇群化布局形态；最后，在人性空间基础上，公共空间网络的建设应具有智慧化、共享化等可识别性。

（2）TOD 理论下的轨道交通站域空间开发实践研究。

王兆辰（2010）以北京市轨道交通站点为例，通过实地调研，按照功能属性划分了站点周边公共空间，为空间设计方案的制定提供科学依据。

陈帅（2011）对轨道交通站点的研究，以城市设计为出发点来考虑公共空间建设，并结合实际情况制定了综合开发导则，为轨道交通站点与公共空间的建设开发提供依据。

王前骥（2011）对国内外轨道交通站点周边地区的开发案例进行归纳总结，并以武汉光谷广场站为例，提出适用于地铁站点周边地区城市设计策略。

张春艳等（2012）按照 TOD 模式对轨道交通站点周边用地强度和用地性质进行了提升，遵循"优地优用"理念，如加强绿地配置和公共服务设施、优化换乘系统和步行系统、节约利用站点周边土地等方面。

夏海山、钱霖霖（2013）对已建成的北京地铁枢纽商业空间进行了使用成效评价，分析了西直门凯德 Mall、海淀黄庄新中关购物中心、动物园元沃天地等典型轨道交通站点的商业空间使用现状和使用者对空间的满意度，并给出了相应的优化建议。

董超（2014）基于 TOD 相关案例的实态调查和典型案例研究，构建了 TOD 模式下地铁站点地上商业空间规划设计体系，从设计原则、影响因素、功能构成、群体空间形态与组织、交通系统、开放空间与绿地系统、节点空间设计等方面提出了 TOD 模式下地铁站点地上商业空间的规划设计方法。

李虎（2015）运用理论与实践相结合的研究方法，对轨道交通站点影响域进行了分析，将城市中心区该范围内的空间效益作为理论基础应用于重庆轨道三号线观音桥站，并由此制定相应的方案来提高空间效益。研究表明，从空间质量和空间容量两个方面入手，可以提高步行空间效益，表现在节点尺度、人行流线、城市功能、空间环境品质等方面。

王蔚（2016）以北京市轨道交通为例，通过现状调研，从城市空间的功能分类方面分析其与周边空间的衔接关系，为后期的实践提供一定的参考。

周垠、龙瀛（2017）综合评价了成都市一、二圈层区县内可步行性街道，主要使用了街道步行指数（walk score）并简化其计算方法，通过街道环境影响因子的纳入，对比了地铁口、商业综合体、市中心、区县中心等对街道可步行性的影响程度。结果显示，街道可步行性由高到低的排序依次为住宅类、公共服务类和商业类。

李鹏、彭震伟等（2018）以武汉大都市郊区为案例进行实证分析，探讨了快速交通对大都市郊区居住空间发展的作用机制，认为快速交通直接作用于大都市郊区特定区位职住活动的时空格局状态，以相应的时空经济价值为纽带，传导到行为主体的区位选择行为。

任雪婷（2018）以北京市为例，对慢行系统在居住型轨道交通站点周边的分布情况进行整理，研究总结了关键性空间物理环境因素对慢行适宜度的影响，提出了对北京居住型轨道交通站点慢行空间的优化策略。

刘宇鹏、宫同伟（2018）以天津市轨道交通 1 号线为例，基于大众点评网的商业网点开放数据，采用 GIS 核密度等分析方法，研究了不同类型轨道交通站域商业网点空间布局特征及业态集聚规律，发现轨道交通站域商业网点布局具有空间分异、智能分异、业态分异等分异特征。

袁铭（2018）以上海市核心城区 10 个站点为样本，量化分析其多层面的空间分布特征，认为轨道交通站域的商业空间活力提升可从使用者内在空间需求出发，以商业空间的竞租曲线为基本依据，把"功能、强度、分布"作为三大控导要素对站域商业空间进行规划，并提出了规划策略。

申红田（2019）引入"触媒"视角，通过大量实证性研究，分析得出站点对站域更新的关键性影响因素与可持续更新的良性运作模式，提出不同类型的轨道交通站域更新需求及策略。

林必毅、徐本安等（2020）梳理了 TOD 城市空间，将 TOD 社区作为主要内容，以宜居为出发点研究其空间规划，通过引入新的信息技术，打造生态宜居、科技助跑、智慧为人的新型 TOD 智慧社区，探索交通出行、社区治安、公共服务及社区线上到线下（online to offline，O2O）四个方面应用场景分析，为 TOD 智慧社区规划设计与治理运营提供方法指引。

综上所述，TOD 理论是针对西方国家城市郊区化无序蔓延而产生的理论，主要针对郊区新建站点。而我国轨道交通起步较晚，普遍在城市中心区设站，并且轨道交通建设滞后于城市建设，往往轨道交通站点建成时，站点周边空间已经建设较为成熟，站域空间开发受到诸多因素限制，因此 TOD 理论在我国并不能完全拿来照搬照抄。但是 TOD 理论对于我国大城市的轨道交通站域开发仍然具有重要的指导作用，它也是国内许多轨道交通站域开发科研工作者研究的基础理论，TOD 理论下的轨道交通站域空间环境特征及其设计原则对于我国轨道交通站域开发仍具有重要的指导和借鉴作用。

国内对于 TOD 理论及其相关应用开发实践研究起步较晚，近些年，研究成果逐步增多。就研究对象来说，北京、上海、广州、深圳等特大城市开通轨道交通时间较早，现有成果也多是集中于针对这些城市的研究，而武汉、成都、天津、重庆等大城市的轨道交通大都开通于 2010 年以后，城市轨道交通网络形成较晚，相关的研究成果也较少。就研究内容来说，城市规划学者的成果多于建筑学学者，规划层面如轨道交通与城市空间结构、轨道交通与土地利用之间关系等的研究较多，建筑学层面的研究则主要是与轨道交通车站一体化开发的地下空间和地铁上建设建筑的研究，而针对轨道交通站域城市空间环境的研究成果则尚有不足。就理论成果实践来说，研究成果多是基于某策略制定方针或原则下而进行的轨道交通站域空间开发实践，其开发策略的制定一般是在工作者经验基础上、运用系统分析的方法，定性研究居多，定量研究较少。

1.2.2.2　轨道交通站域空间环境的综合评价

在轨道交通站域空间环境综合评价的相关研究中，国内研究的评价角度很多，其研究的深度存在一定的差异，主要的相关研究如表 1-3 所示。

对轨道交通站域空间环境的评价，学者们在评价的角度、评价指标的精度及选取、综合评价方法的选择上都有一定的差别。

从评价角度来看，宏观层面的研究一般在城市系统层面展开，探讨土地利用与轨道交通协调性评价以及 TOD 成效，评价指标的选取涵盖了经济、社会、交通、空间、环境等多个方面；中观层面的研究一般是对轨道交通站域空间土地利用的评价，评价指标多采用基于 TOD 理论的 5D 原则下的指标，如密度、多样性、设计、交通换乘距离、目的地可达性等；微观层面的研究则多是轨道交通站域某一类城市空间进行使用后评价，如地下商业空间、一体化开发的地铁商业空间等，评价指标围绕着该类空间的系统构成要素进行，如大型商店数量、商业业态种类、地下空间数量、地铁出入口数量、地下连通通道数量等。

表1-3　国内相关研究中轨道交通站域空间环境综合评价指标体系选取情况统计

作者及年份	评价内容	指标分类	具体指标	选择指标的方法	评价方法
侯雪（2012）	轨道交通站点周边土地利用评价指标体系	土地利用程度	土地利用多样性、土地利用均衡性、土地利用结构合理性、土地开发强度	理论分析法	模糊层次分析法、模糊综合评价法
		服务水平	步行水平、自行车道水平、交通设施水平、开放空间水平		
		可达性	城市道路水平、接驳服务水平、换乘效率		
		经济效益	居住用地价格增值、商业 / 办公用地价格增值		
		客流效益	轨道交通客流量、轨道交通方式分担率		
林云（2012）	基于模糊综合评价的佛山TOD模式应用研究	居民生活质量	社区公共设施及商场、远距离出行需求、出行平均耗时、公共交通出行比	理论分析法	模糊综合评价法
		环境质量	能源消耗及城市污染、土地绿化及城市景观		
		公共交通系统	公交线路及站点设置、道路拥堵程度、换乘次数		
		城市空间布局	土地混合利用、分中心个数、市中心开发强度、居住区容积率		
		社会经济效益	公交系统运营效益、居民出行费用、土地房产价值		
谢秉磊、丁川（2013）	城市轨道交通与土地利用的协调关系评价	城市轨道交通	居民到达站点平均时间、平均换乘时间、公交站点运营能利用率、公交出行分担率、人均出行距离	理论分析法	数据包络模型分析法
		土地利用	人口密度、职住比、容积率、非机动车道用地面积比、非居住用地面积比		

续表

作者及年份	评价内容	指标分类	具体指标	选择指标的方法	评价方法
		业态数量	各业态店铺数量总和		
		业态种类	业态类型总和		
		综合服务能力	大型店种类、大型店所占比例、专业店及专卖店所占比例		
王宇宁（2014）	轨道交通站点周边商业环境特征评价	社区服务功能	小型店种类、小型店所占比例、便利店及超市所占比例	理论分析法	理想点法
		周边商业中心个数	轨道出行 10 min 范围内的商业中心个数、公交距离 5 km 范围内的商业中心中心个数		
		到各商业中心的平均出行时间	到各商业中心的平均出行时间		
		公交接驳便利性	与最近公交站点距离、最近公交站点的公交线路条数		
陆潮（2015）	地铁站点综合服务能力评价指标体系	外部配套设施	医院数量、公交站点数量、商业中心数量、大型超市数量、学校数量、公园数量、消防队数量、城管局数量、酒店数量、派出所数量、餐馆数量、KTV数量	理论分析法	模糊层次分析法
		内部设施	安保设施数量、服务设施数量		

续表

作者及年份	评价内容	指标分类	具体指标	选择指标的方法	评价方法
杨光(2016)	高铁站点周边地区土地利用研究	土地利用程度	土地利用多样性、土地开发强度、用地布局合理性	理论分析法	模糊层次分析法、模糊综合评价法
		经济效益	土地价值提升、客流量吸引		
		交通便捷度	站点换乘便捷程度、道路通达度		
		服务水平	自行车环境水平、步行环境水平、基础设施完善程度		
王至言(2017)	轨道交通站点周边土地利用评价指标体系	交通评价指标	道路网密度、轨道交通分担率、平均换乘系数、高峰小时轨道交通乘降量	理论分析法	数据包络模型分析法
		土地利用评价	土地多样性指数、土地开发强度、就业岗位与居住人口比值		
		换乘设施服务水平	步行换乘、自行车换乘、常规公交换乘、私家车换乘		
		经济效益	居住用地价格增值、商业、办公用地价格增值		
王江波、高明超(2017)	公共中心型地铁站域地下空间综合开发水平	功能性	地下商业空间功能类型、地下交通功能类型、地下文化空间功能类型、地下仓储空间功能种类、地下基本配套设施功能类型	理论分析法、专家咨询法	层次分析法
		规模性	地下空间数量、地下连通通道数量、站点全日客流量、地下最深层数、最近连通距离		
		空间性	地铁出入口数量、地铁与地面公交站点换乘便捷度、空间尺寸满意度、步行流线满意度、下沉空间数量		

续表

作者及年份	评价内容	指标分类	具体指标	选择指标的方法	评价方法
王江波、高明超（2017）	公共中心型地铁站域地下空间综合开发水平	安全性	防灾设施类型、应急疏散设计要素、安保设施配备程度、安保服务人员配备数量	理论分析法、专家咨询法	层次分析法
		人性化	导向标识设计满意度、室内装饰设计满意度、自然采光设计满意度、环境卫生质量满意度、无障碍设计满意度、声温气味感受满意度		
何凡（2018）	北京市轨道交通站域TOD发展成效评价方法	用地	居住人口密度、就业岗位数、混合熵指数、生活设施可达性、广场等开放空间的面积比例、街道活力吸引点密度、容积率	理论分析法、专家咨询法	灰色关联度法、模糊综合评价法
		出行	步行道设施水平指数、自行车道设施密度、轨道站点出入口设置安全性、轨道交通站点可达性、轨道站点出入口数量、过街设施数量、轨道站点日均乘降乘峰量、乘坐轨道交通通勤出行比例、与轨道站点接驳的地面公交数量、人口数量		
		经济	典型居住区私家车昼夜停放比、单位面积商品房成交均价、单位面积租赁房租金均价、站域商业点数量		
		环境	典型居住区外侧道路噪声指数、近一年空气质量指数均值		
		社会	感知满意度		
巩曦曦（2018）	TOD模式下城市土地利用评价	居民生活质量	社区公共设施及商场、远距离出行需求、出行平均耗时、公共交通出行比	理论分析法、专家咨询法、频度统计法	层次分析法、模糊综合评价法
		环境质量	能源消耗和城市污染、土地绿化及城市景观		

续表

作者及年份	评价内容	指标分类	具体指标	选择指标的方法	评价方法
巩曦曦(2018)	TOD模式下城市土地利用评价	公共交通系统	公交线路及站点设置、道路拥堵程度、换乘次数	理论分析法、专家咨询法、频度统计法	层次分析法、模糊综合评价法
		城市空间布局	土地混合利用、分中心个数、市中心开发强度、居住区容积率		
		社会经济效益	公交系统营运效益、居民出行费用、工业及商业聚集度、土地房产价值		
程之浩(2019)	轨道交通站点地区空间利用评价	节点	站点的内部可达性、客流乘降量、站点地区骑行道密度、站点内地区公交线路数、站点地区步行性、站点地区步行线路系数，站点150 m内公交线路数，站点150 m内常规公交车站个数、距站点150 m内地区的停车场密度、站点与最近城市主干道间的直线距离	理论分析法	数理分析法
		场所	土地利用混合度、土地综合开发强度、建筑密度、商业设施密度、办公设施密度、公共服务设施密度、站点地区居民数量、空间使用强度系数		
彭雨轩(2019)	中心型轨交站域步行性评价指标体系	可行性	公共空间状况、步行空间类型、兴趣点可达性	理论分析法、专家咨询法、频度统计法	层次分析法、模糊综合评价法
		连续性	空间使用效率、路网连通性、步行道建设、行人过街设施、过街辅助设施、城市道路分隔		
		安全性	无障碍设施、交通安全、行为安全、心理安全		
		便捷性	路网便捷性、步行空间通畅、步行流速效率、交通接驳效率		
		舒适性	街道界面、街道家具、环境舒适程度、感知舒适程度		
		愉悦性	审美与艺术、活动与行为		

续表

作者及年份	评价内容	指标分类	具体指标	选择指标的方法	评价方法
吴姝悦（2019）	基于TOD的大城市建成环境评价	密度	市区常住人口密度、市区就业人口密度、市区工业企业密度、市区限额以上批发零售业企业密度、市区医院/卫生院密度、市区商务住宅密度、市区规模以上工业企业密度、市区中小学密度	理论分析法	多元线性回归分析法、K-means聚类分析法
		土地利用多样性	建设用地混合度、商业服务业设施用地占比		
		城市设计	平均道路宽度、建成区路网密度、建成区道路面积率、建成区人行道面积率、公交非直线系数、驾车非直线系数、步行非直线系数、骑行非直线系数		
		目的地的可达性	到公司类兴趣点直线距离、到最近公司类兴趣点直线距离、到服务类兴趣点直线距离、到最近服务类兴趣点直线距离、到景点类兴趣点直线距离、到最近景点类兴趣点直线距离		
		公交距离	是否有在建轨道交通、是否有轨道交通、轨道交通运营条数、轨道交通总车站数、建成区轨道交通线网密度、换乘站占比、到最近轨道交通站点直线距离、到轨道交通站点密度、公交站点数、到最近公交站点直线距离、公交非直线系数、到最近公交站点的步行非直线系数、是否有公共自行车		
		需求管理	停车场密度		
张宇沁、边扬等（2020）	北京市TOD发展成效评价指标体系研究	用地	主导功能占地面积比、混合熵指数、各类功能用地占比、辛普森指数、生活设施可达性、开敞空间可达性、就业密度、居住密度、建筑密度、容积率、路网密度、节点－场所价值、街区尺度、步行及骑行优先	理论分析法	一

续表

作者及年份	评价内容	指标分类	具体指标	选择指标的方法	评价方法
张舒沁、边扬等（2020）	北京市TOD发展成效评价指标体系研究	出行	轨交站点覆盖率、轨道交通站点出入口数量、轨道交通站点出入口设置形式、通勤时间、轨道站点线路数、公交出行分担率、各种接驳换乘设施与轨道站点的间距、公交线网密度、公交换乘比例、安全和空间充足的自行车停放设施设置情况、自行车准入、安全/开放/空间充足的骑行路段的比例、轨道站点的步行路段的比例、步行过街设施距满足要求的步行道口比例、具备遮阴设施的步行距离、人行过街设置满足要求的交叉口比例、具备遮阴设施的骑行路段的比例、建筑遮阴率、建筑退让距离、界面开敞度、界面透明度、商业界面、街道活力吸引点密度、机动车停车空间、停车配建指标、机动车出入口密度、居民/就业者的私人小汽车行驶里程	理论分析法	—
		经济	单位面积商品房成交均价、单位面积租赁房租金均价、单位面积临街商铺租赁均价		
		环境	噪声分贝指数、空气质量指数		
		社会	居民感知满意度		
肖秋盈（2020）	基于TOD导向的土地利用评价	土地利用程度	土地利用多样性、土地布局合理性、土地开发强度	理论分析法、频度统计法	熵权法、理想点法
		公共交通可达性	城市道路水平、换乘效率、轨道交通共享率		
		经济效益	居住用地价格增值、商业/办公用地价格增值、轨道交通客流量		
		服务水平	步行系统水平、基础设施完善程度		

从评价指标的精度来看，有两个指标选取方向，一个是侧重体现可量化特征，另一个是侧重反映综合水平。总体来看，宏观和中观层面的研究中复合指标较多，复合指标有利于说明评价对象的综合属性，但是评价参数的获取工作量往往较大，或是需要通过大量问卷调查，数据获取难度较大，操作不易实现。同时复合的评价指标导致评价结果向实践转换指导意义并不直接，不能一目了然地看出具体问题所在。例如，选择频度较高的"土地利用混合率"指标，很多科研工作者都将它纳入了评价体系，但是该指标在获取时工作量较大，需要统计各类性质的土地占地面积，继而计算出占地比例，之后还需经过复杂的计算程序计算出混合度，过程较为烦琐；且土地利用混合率的高低并不能直观地反映出哪类用地占比不足，需要增加多少，达到适宜水平的土地利用混合率尚需进一步对所有性质用地进行统计计算后才能得出。在微观层面的研究评价指标中基础指标较多，基础指标可以直观地反映出评价对象某一特征的水平，有利于优化方向的快速判断，且评价参数获取相对简单，但是不利于说明评价对象的高阶属性，评价的视角相对狭窄。

从评价指标的选取上来看，学者们主要选择了理论分析法、专家咨询法和频度统计法。理论分析法即轨道交通站域空间开发常以国内外较成熟、实践运用较多的理论为指导，以 TOD 理论较多，经比较分析与评价对象相关的各要素，进而挑选能反映性能水平的关键性指标项。专家咨询法通过征询有关专家的意见，对指标进行调整补充。频度统计法主要是对目前国内外相关研究评价标准的指标项进行频度统计，选择那些频度较高的指标。

从综合评价方法的选择上来看，以上学者都针对不同的评价目标和评价指标结构，选择了不同的综合评价方法。总体来说，一般多用数学模型来构建评价函数，且往往采用主观和客观相结合的方法，对评价指标权重系数的分配应用较多的有主观的层次分析法，指标评价函数构建则多用客观的方法，例如数据包络模型分析法、模糊综合评价法、理想点法等。其中数据包络模型分析法对数据的准确性有较高的要求，需要有坚实的数学基础知识为模型的建设提供依据，运用和操作较为麻烦，且该方法过于强调结构数据的作用，其对于空间分析的适用性和有效性也有待验证；模糊综合评价法多用于评价指标中存在边界不清或不易定量的评价参数时，如便捷性、连通性、舒适程度等类型的指标，为了通过对这些指标进行定量化处理从而实现综合评价，学者较多采用模糊综合评价法；理想点法数学计算过程简单，操作方便，对样本资料无特殊要求，在数据处理中充分利用了原始数据信息，但具有要求评价指标与评价结果具有同一变化趋势（同为正向或同为负向），且存在无法从整体上反映出评价对象与理想解的贴近程度等弊端。

1.2.3 国内外相关研究述评

轨道交通在国外发展的早于国内，西方发达国家对于轨道交通与城市空间发展的理论和实践研究较为系统和深入，已经形成了较为完整的理论体系，并取得了较为丰富的实践成果，引领了行业的发展方向并提供了具体执行标准。

相对而言，国内轨道交通建设起步较晚，相关方面的研究也相对有限，近些年来，随着轨道交通在国内的迅猛发展，现有理论已不能满足城市建设的需要。特别是大城市中心城区，由于建设时序的差异，国外先进经验对国内的实践指导作用受限，而国内的相关研究又存在以下一些不足。

（1）从研究对象来看，由于我国轨道交通的发展起步于北京、上海、广州、深圳等特大城市，因此研究对象也主要集中在轨道交通建设开展较早的几个特大城市。然而，由于城市经济秩序、空间结构和发展定位的不同，特大城市和天津、武汉等一般大城市对于轨道交通站域空间发展的目标和开发方式均存在着差异，随着近几年国内轨道交通建设的全面发展，既有研究成果对国内一般大城市的轨道交通站域空间建设指导作用有一定的局限性。

（2）从研究内容来看，既有研究成果多侧重于前期空间布局的研究，集中于用地构成、开发强度、圈层效应等宏观规划层面，来探讨轨道交通与城市空间或土地利用的互动关系；或是针对空间使用后的反馈和评价机制的研究，如站点连接空间、一体化开发综合体等建筑空间设计微观层面。现有研究关于中观城市空间环境层面的研究成果相对较少，研究也多是基于传统的 TOD 理想化范式下的土地利用模式，而忽略了现实实践过程的影响，研究成果对于当前处于"存量规划"背景下的我国大城市中心城区、以对站域原有城市空间的再设计为工作重点的轨道交通站域空间城市更新式的开发实践指导作用相对较弱。

（3）从研究方法来看，城市轨道交通站域空间开发的既有相关研究以定性研究居多，定量研究的成果较少；在轨道交通站域空间环境综合评价的量化研究中，往往存在着评价参数的获取工作量过大或难度较大、操作不易实现，以及评价方法过于强调客观法，而忽略了专家自身经验的问题。在综合评价过程中，如何充分利用新的空间分析技术和方法获取评价参数，并且将客观数据分析方法和专家的经验充分结合起来，有效地评价轨道交通站域空间环境效能以指导工程实践、对大城市中心城区轨道交通站域空间优化还有待进一步探索，进行更为深入的研究和探讨。

1.3　研究目的与意义

1.3.1　研究目的

通过对新时期我国大城市中心城区轨道交通站域空间开发特点的分析，以及对轨道交通站域空间开发相关理论及研究的梳理，本书提出客观数据分析和专家的经验相结合、有效地评价轨道交通站域空间环境效能、将轨道交通站域空间优化问题量化与参数化的优化策略制定方法，对于复杂的城市问题提供一种尽可能准确控制与把握的途径。期望通过构建模型评价其轨道交通站域空间环境的特征，为我国大城市中心城区轨道交通站域空间优化的决策与设计提供理论和技术参考。

1.3.2　研究意义

1.3.2.1　理论意义

轨道交通在我国大城市的建设（除深圳、广州、上海、北京等特大城市外）普遍发展于 2010 年以后，相应的站域开发研究理论成果较少。同时，当前我国大多城市将会减少旧城改造和大规模的新城建设项目，进入"增量"转"存量"规划的阶段。在此背景下，大城市建成轨道交通站域空间开发多以城市更新的方式进行，城市设计层面工作逐渐增多。国内原有较多的用地构成等宏观规划层面的研究和建筑空间设计等微观层面的研究，已不能完全满足大城市中心城区轨道交通站域空间建设发展和管理的需要，我国大城市轨道交通站域开发需要更为精细的中观层面城市空间设计理论的指导。因此，本书立足于现有城市背景，聚焦于站域空间的中微观层面，通过对其轨道交通站域空间系统构成的解析，探讨如何科学评价既有城市空间环境特征，从而指导提出较有针对性的站域空间开发及优化策略。为实现轨道交通紧密结合城市功能，原来轨道交通站域空间较为粗放式的开发模式将向更加精细化的城市更新方向发展。本书对当前我国大城市轨道交通站域开发理论体系的补充与完善具有积极的理论意义。

1.3.2.2 实践意义

在我国轨道交通建设迅猛发展的背景下，越来越多的大城市轨道交通网络已经或逐步形成，轨道交通建设成为其周边城市空间发展的引擎，而相应的轨道交通站域空间开发指导理论成果较少，无法充分体现城市空间发展过程中轨道交通的引领作用，当下及未来大城市中心城区的建设必然以轨道交通站域空间的开发为重点。本书针对我国大城市中心城区轨道交通站域空间环境特征，构建评价模型，以提出有针对性的空间优化策略，从而增强不同功能空间的互动，有效地激发轨道交通站域空间的活力，实现其良性可持续发展。

1.4 研究内容与方法

1.4.1 研究内容

本书是针对轨道交通站域空间开发的基础性研究，通过对具有代表性的城市典型轨道交通站点的实证性研究，试图结合站域空间环境特征定性分析的成果和模型评价的结果，从使用者需求出发，提出相应的站域空间优化策略。根据这一研究思路，本书的研究内容主要包括以下几个方面：站域空间环境特征综合评价指标体系的研究、站域空间环境特征综合评价模型的研究。

1.4.1.1 站域空间环境特征综合评价指标体系的研究

在现有轨道交通站域空间开发综合评价研究中，大多研究是宏观系统 TOD 效能以及土地利用与轨道交通的协调性等方面的评价，或是微观层面的对站域某一类城市空间进行使用后评价，缺乏中微观层面对站域空间自身环境特征的调查分析与评价体系。而事实上，对于我国当前城市更新式的站域空间开发模式来说，针对站域既有城市空间环境特征的调查评价，对站域空间优化策略的制定更具有实践指导意义。针对这一现状，本书将研究视角聚焦于中微观层面的、边界清晰的站域各类城市空间，通过对 TOD 理论、相关既有研究和样本站点基础数据进行分析，构建轨道交通站域空间环境特征综合评价指标体系，为其站域空间环境特征综合评价模型的构建提供理论依据。

1.4.1.2 站域空间环境特征综合评价模型的研究

评价指标体系的建立为站域空间环境特征综合评价提供了理论基础，但是，精确评价结果的得出还依赖于科学合理的评价方法，需要针对评价指标体系，构建可靠的评价模型，对评价对象的指标参数进行处理分析。本书通过对常用评价方法进行对比，针对已建立的站域空间环境评价指标体系的特点，科学地选择针对性较强的评价方法，构建轨道交通站域空间环境特征综合评价模型，为样本站点站域空间优化策略的提出提供科学依据。

1.4.2 研究方法

在文献研究与问卷调查的基础上，本书的具体研究方法如下所述。

1.4.2.1 模型研究

模型研究主要是在运用层次分析－理想点法来构建轨道交通站域空间环境特征综合评价模型，并运用该模型对天津市中心城区轨道交通站域空间环境特征进行评价分析。

1.4.2.2 大数据应用

在分析样本站点站域各类商业业态组成时，采用了专业的数据提取软件对常用的商户网页信息数据进行提取分析，然后加以百度地图分析和实地调研考证，对数据进行整理后得出了站域范围内 POI 数据（表 1-4）。

表 1-4 大数据技术在本书中的应用示意图

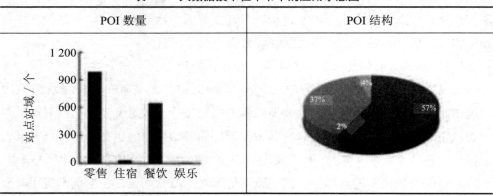

1.4.2.3 GIS 技术

本书通过 GIS 技术提取图示相关的信息，可视化传达图像内容，并且针对不同类型的地图输出其专项分析图。GIS 图形表达在本书中的应用如图 1-3 所示。

GIS 平台还可以提取研究所需的各相关数据，并对各类数据进行统计输出，同时还可以叠加分析空间要素，本书主要使用空间叠置分析等方法，如对站域空间的形态组织分析（表 1-5）。

图 1-3　GIS 图形表达在本书中的应用示意图

表 1-5　GIS 平台空间数据的提取分析在本书中的应用示意图

本溪路站	小白楼站	土城站

1.4.2.4　专家咨询法

专家咨询法的应用主要是在对评价指标集的筛选精简过程中，向专家们发放调查问卷，并给出相关意见。根据专家反馈的评价结果和意见，筛选不合格的指标，并予以剔除。本书主要用到的工具有李克特量表（Likert scale）和SPSS 软件。

1.5　研究创新点

（1）本书提出了定性分析、模型评价相结合的轨道交通站域空间优化策略的制定方法。

当前，国内轨道交通站域空间优化实践指导的理论研究并不完善，轨道交通建设开展较早的几个特大城市，如北京、上海、广州、深圳等多为研究对象，研究成果多是宏观规划层面的前期空间布局的研究或是微观层面的建筑空间使用后评价的反馈研究。在站域空间开发实践过程中，城市设计工作者更多地基于经验来确定相关技术指标，定性研究居多，定量研究较少。针对上述问题，本书提出了定性分析、模型评价相结合，在我国大城市中心城区轨道交通站域空间优化策略的制定方法上比较适用。

（2）通过样本调研，筛选评价因子，本书建立了轨道交通站域空间环境特征综合评价指标体系。

　　本书在轨道交通站域空间环境特征综合评价指标体系的建立过程中，首先，通过对样本站点站域空间的环境现状进行深入研究，根据天津市中心城区轨道交通站域空间环境特征原始数据，分析影响轨道交通站域空间环境特征的关键性指标，并结合 TOD 理论及其相关研究，总结出相对全面的评价指标集。其次，对相关性较强的评价因子进行筛选，完成评价指标的精简。继而通过向专家咨询，完成重要性评价指标的筛选和补充。再次，根据天津市实际情况，剔除参考意义不大的指标。最后，根据方向性、全面性、准确性、独立性、易操作、可量化的原则，从土地利用及分布、功能构成以及交通条件 3 个方面，建立了 10 个一级指标、29 个二级指标，共 2 个层级的轨道交通站域空间环境特征评价指标体系。该评价指标体系兼顾了全面性和代表性，评价参数获取方便，可操作性强。

　　（3）本书运用层次分析－理想点法，构建了不同类型轨道交通站点站域空间环境特征综合评价模型。

　　在轨道交通站域空间环境特征综合评价指标体系的基础上，针对该评价指标体系，分析、对比其常用的评价方法，科学地选择了针对性较强的评价方法，制定了清晰合理的技术路线，并运用层次分析－理想点法，构建了可量化、易操作的轨道交通站域空间环境特征综合评价模型。该模型能科学地评价轨道交通站域既有城市空间的环境特征，可用于制定站域空间环境特征标准、定位站点类型、评价站域空间环境优劣和制定站域空间优化策略，既适用于我国大城市中心城区轨道交通新建站点的开发指导，又可用于已建站点的站域空间优化。

1.6　本章小结

　　本章是研究的缘起，指出了在轨道交通迅猛发展背景下，其站点周边地区城市空间开发迎来了新的机遇，同时在"存量提质"的新时期，我国大城市中心城区轨道交通站域空间开发及优化应向更加精细化的城市更新方向发展。本书在对国内外相关研究进展进行总结梳理后，明确了大城市中心城区轨道交通站域空间环境特征综合评价模型这一研究主题，将着重讨论不同类型轨道交通站点的站域空间环境特征，并试图构建站域空间环境特征的评价模型。最后阐述了本书的主要研究内容与方法、研究创新点，为研究内容奠定了论述的基础。

第 2 章　研究的理论基础

　　轨道交通站域空间开发是一个复杂的城市问题，国外对其研究由来已久，理论及实践成果较多。我国大城市轨道交通起步较晚，相应的站域空间开发理论研究还处于摸索阶段，同时身处"存量提质"的城市发展阶段，其中心城区站域空间开发有了新的内容。因此，大城市中心城区轨道交通站域空间开发的研究需要立足于前人研究成果，融合新旧理论，并针对时代背景。本章以本书的相关研究基础为研究对象，运用系统归纳、分析对比、举例说明的方法，界定了相关概念和研究范围，梳理了相关的基础理论，并分析了其与本书研究之间的关系，建立了研究的思路框架，制定了研究的技术路线，为后文研究的展开提供了理论基础。

2.1　相关概念及研究范围的界定

　　本书针对我国大城市中心城区，重点研究其"轨道交通站域""空间环境特征"的"综合评价模型"。相关概念及研究范围的界定如下所述。

2.1.1　轨道交通站域

2.1.1.1　轨道交通站域的概念

　　轨道交通是指运营车辆需要在特定轨道上行驶的一类交通工具或运输系统，如城市地铁、轻轨和有轨电车等。轨道交通站域空间是指以轨道交通站点为圆心，以其影响范围为半径的城市空间。这个范围通常是指轨道交通接驳下的慢行交通的辐射范围，依据所处城市空间区位的不同，其影响范围也往往不同，通常认为郊区比城市中心区轨道交通站点的影响范围要大。

2.1.1.2　轨道交通站域的范围

　　根据 TOD 理论，轨道交通站域空间自内而外分为轨道交通站点、站域核心区、站域外围区三个部分（图 2-1）。

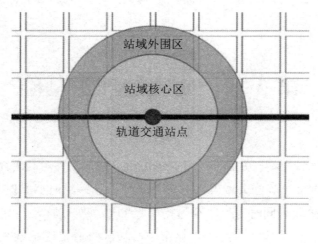

图 2-1　TOD 站域范围划分

（1）轨道交通站点。一般来说，轨道交通站点是指供乘客出入的连接轨道交通和城市外部空间的独立站房。但从广义上来说，越来越多的轨道交通站点与其上部建筑一体化开发，被包含在其上部的城市综合体之中，车站的构成形态越来越丰富。因此，本书所指的轨道交通站点是广义的含义，包括从轨道交通站台到外部城市空间之间的所有空间设施，既包括独立的站房，也包括与轨道交通车站一体化开发的各种城市功能空间，还包括联系站台和一体化开发综合体的衔接空间。

（2）站域核心区。站域核心区一般是指轨道交通直接影响范围内的区域，也是城市居民愿意通过步行方式到达轨道交通车站的最大距离。一般认为这个最大距离为行人步行 10 min 所通过的路程，各国根据研究目的和研究内容的不同对这个距离的定义也略有差异。根据实践经验，北美国家研究的站域核心区范围一般为以轨道交通站点为圆心、半径为 200 ～ 400 m 的区域，其他各国对站域核心区的定义较多集中在半径为 300 ～ 800 m 的区域。国内对于轨道交通站域核心区的比较权威的解释为 2015 年中华人民共和国住房和城乡建设部发布的《城市轨道沿线地区规划设计导则》中所述："距离站点 300 ～ 500 m，与站点建筑和公共空间直接相连的街坊或开发地块。"

（3）站域外围区。在站域核心区以外，由于距离过远，以步行的方式到达车站通勤效率降低，居民乘坐轨道交通出行，需要通过其他的交通方式到达轨道交通车站。因此，站域外围区是指仍然受到轨道交通车站影响，居民需要通过接驳交通工具到达车站的距离所包含的区域，通常交通接驳工具有自行车、电动车、公交汽车以及私家车等。各种交通接驳工具的出行效率的不同导致居民的出行距离也不同，因此轨道交通站域外围区的范围在各个站点也有所差异。通常认为郊区站点比中心城区站点的站域外围区范围更广。

2.1.1.3　本书所界定的轨道交通站域范围

根据《城市轨道沿线地区规划设计导则》，本书选取步行距离 500 m 作为轨道交通站域核心区范围，并根据调研站点的实际情况具体界定。

具体方法为：以轨道交通车站为圆心，以 500 m 的距离为半径得到轨道交通站域核心区范围（图 2-2 左图）。然后根据站点区位的不同，对各站点的站域核心区影响范围进行有针对性的调整（一般认为，远城市中心的站点较近城市中心的站点影响范围要广），在保证地块完整性的前提下，以地块的道路边界为限对轨道交通站点的站域范围进行修订，得到如图 2-2 右图所示的本书研究的轨道交通站域范围。

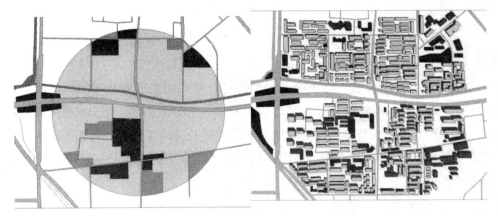

图 2-2　本书研究的轨道交通站域范围示意图

2.1.2　空间环境特征

根据《术语工作 词汇 第 1 部分：理论与应用》（GB/T 15237.1—2000）3.2.4 对特征的描述：特征（characteristic）是一个客体或一组客体特性的抽象结果。

可见，特征是用来描述概念的，是对客体众多特性的抽象表达。因此，空间环境特征是用来描述空间环境的概念，是空间环境表现形式的抽象表达，一般有"质"与"量"两方面的描述。常见的环境特征"质"的描述有空间的可达性、多样性、集约性等，"量"的描述有密度、数量、面积、长度等。

2.1.3 轨道交通站域空间开发

2.1.3.1 狭义的轨道交通站域空间开发

狭义的轨道交通站空间开发是指交通一体化开发（transport integrated development，TID），就是地产开发时集规划设计、交通动线与便捷交通换乘无缝对接于一体，达到周边物业和多种交通方式互通的开发理念。

TID 的核心是站点区内与交通枢纽融合的综合开发方式，使交通枢纽和物业开发融合，土地价值得到最大限度的利用，解决资金与交通组织问题。

2.1.3.2 广义的轨道交通站域空间开发

广义的轨道交通站域空间开发是指对轨道交通影响范围内的城市空间的综合开发，一般是指 TOD。与狭义的轨道交通站域空间开发相比，其开发辐射范围更大。

本书所指的轨道交通站域空间开发是指广义的轨道交通站域空间开发。

2.2 相关研究理论

2.2.1 TOD 理论

TOD 理论源于美国，尽管城市开发建设时序的不同导致其在国内的应用范围受到局限，但其推崇的目标与准则与中国城市正在寻求的可持续发展的目标一致。因此，TOD 理论是国内许多轨道交通站域开发科研工作者研究的基础理论，TOD 理论及其相关研究也是本书构建轨道交通站域空间环境特征评价指标体系的重要依据。

2.2.1.1 TOD 的设计原则

1993 年彼得·卡尔索尔普在 *The Next American Metropolis*： *Ecology, Community, and the American Dream* 中提出了 TOD 的设计原则，即：

（1）以公共交通为导向且组织紧密；

（2）将商业、住宅、办公楼、公园和公共建筑设置在步行可达的公交站点的范围内；

（3）建立舒适、快捷、连续的步行网络，将周边的建筑连接起来；

（4）设置多种功能类型、密度和不同价位的住房；

（5）保护周边的生态环境，留出高质量的公共空间；

（6）使公共空间成为建筑导向和邻里生活的焦点；

（7）鼓励沿着现有邻里交通走廊沿线实施填充式开发或者再开发。

2.2.1.2　TOD 理论下的轨道交通站域空间环境特征

TOD 理论成果已发展形成体系，在世界范围内成为行业的规划标准和设计纲领，对轨道交通系统与沿线地区的规划建设起到引导性的作用。尽管世界各地对 TOD 内涵理解和实际应用不尽相同，但具有诸多共同的显著特征和愿景目标。TOD 理论下的轨道交通站域空间环境一般具有以下共同特征。

（1）公共交通先导性。公共交通导向是 TOD 概念中的前提条件。TOD 综合开发模式之所以被认为是解决交通拥堵、环境污染、土地资源紧缺等城市问题的有效途径，主要是因为它的公共交通导向原则。轨道交通具有运量大、速度快、安全、准时的特点，可以提高出行效率和减少人们日常出行的成本，可促进公众转变出行方式，从机动车出行转向公共交通出行，促进城市空间的生态可持续发展。

（2）功能空间复合性。功能空间复合性是 TOD 的主要特征。通过土地的混合开发，TOD 构建了以家为中心步行可达的生活圈，并提供生态长效的公共活动空间，各种城市功能在区域内协同工作，使居民日常生活所需的服务和资源在站域范围内可以轻松获取，鼓励居民参与社区公共活动，使公共空间保持长时间的活跃。彼得·卡尔索尔普提出了空间的垂直混合使用，鼓励土地的立体化开发，使各种城市功能在一栋楼内垂直混合。如与轨道交通站点一体化开发的城市综合体，地下部分为与轨道交通相连的零售商业区，地面底层集中商业区，中间层布置商务办公区或文化娱乐区，顶层为公寓住宅或酒店。他还提出了一套适合TOD 的各类型用地面积参考比例（表 2-1）。

表 2-1　TOD 中合适的土地使用混合比例

土地利用类型	社区型 TOD	城市型 TOD
公共建筑	10% ~ 15%	5% ~ 15%
商业中心	10% ~ 40%	30% ~ 70%
居住空间	50% ~ 80%	20% ~ 60%

同时，彼得·卡尔索尔普还应关注到使用群体的差异，具有同一功能性质的用地类型也应根据使用需求的不同混合开发。例如，居住空间应提供不同住宅形式、套型组合方式、面积大小、所有权属性等多种形式的住宅产品，提倡独立住宅、多层洋房、高层公寓、经济型集合住宅等混合开发的住区。

（3）土地利用集约性。TOD 的目标之一就是通过提高人口密度来提高土地使用效率，抑制蔓延。在公交导向和功能空间混合的基础上，在有限的轨道交通站域空间范围内提高人口密度可为轨道交通提供持续稳定的客流量。适当密度的人口还可提供稳定的消费群体，从而激发站域商业活力、促进区域经济良性发展。高集约性的土地开发，除了可充分利用轨道交通客流量优势、维持区域活力外，还可提升土地利用的经济效益，节约城市资源。

（4）慢行交通便捷性。良好的慢行环境和高效的接驳换乘系统是 TOD 社区成功的重要保障。一方面，轨道交通站域持续增长的常住人口，日常的换乘、休闲、交往、通勤等城市活动，需要匹配相应的慢行空间，以在站域范围内完成必要的慢行活动；另一方面，舒适趣味慢行交通空间可让生活在高压力、快节奏环境中的城市人群放慢脚步、放松身心和舒缓精神压力，增加驻足停留的时间，提高居民随机性消费的概率，有利于焕发街道活力。同时，便捷、舒适、安全高效的慢行交通，有利于增强居民对慢行出行方式的选择，减少交通拥堵和城市空气污染，实现轨道交通站域空间生态健康可持续性发展。

2.2.2 综合评价的相关理论

综合评价（comprehensive evaluation，CE），也叫综合评价方法或多指标综合评价方法，是指使用比较系统的、规范的方法对多个指标、多个单位同时进行评价的方法。

综合评价的一般流程如图 2-3 所示。综合评价的核心问题主要有两个：一是指标体系如何建立；二是评价方法的选择。

2.2.2.1 评价指标的选择

指标体系是指为实现一定研究目的而由若干个相互联系的指标组成的指标群。指标体系的建立不仅要明确指标体系由哪些指标组成，更应确定指标之间的相互关系，即指标结构。

指标选择是进行综合评价首先要面对的难题。指标体系建立得恰当，那么它就能比较完整地反映出研究对象的整体属性，为以后进行的综

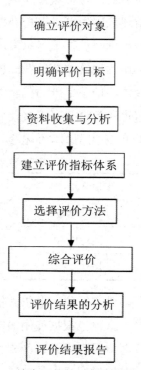

图 2-3　综合评价的一般流程示意图

合评价打下坚实的基础；相反，如果指标体系不能比较完整地反映出研究对象的整体特征，那么得出的综合评价值可能会同实际情况相差甚远。选择指标要讲究两点：一是注重单个指标的代表意义；二是注重指标体系的内部结构。其中代表性和全面性是指标选择的两个难以兼顾的中心问题。因为既要单个指标有代表性、能独立反映研究对象某方面的特性，又要指标体系满足全面性，能联合反映评价对象的整体属性。但若要满足全面性，势必要增加指标个数，而增加了指标个数，指标间相关程度可能性增大，反而影响了代表性。

国内一些学者试图提出兼顾代表性和全面性的评价指标选择方法。较有代表性的有邱东、汤光华提出的"先用聚类分析将候选指标群划分成若干类，用相关系数法等统计方法，从每一类中选择若干有代表性的指标"，这样可得到理想的指标体系。这种方法有效地兼顾了指标的代表性和全面性。但是深入研究，仍会发现该方法存在一些问题。聚类分析在不同的距离定义下，聚类结果不会完全一致。在哪种距离定义下结果最好，至今没有一个合适的标准。用聚类分析对候选指标分类会由于距离定义方法不同而有所不同。比如两个相关性很强的指标应该可选择其中一个替代另一个，但由于距离定义方法不恰当而将它们分在两个不同的子类中，这样就会给最后指标的确定带来偏差。所以，聚类分析在方法上的缺陷会对指标选择带来一定影响。

王璐、庞皓在此基础上提出了一种新的指标选择方法，克服了上述问题。具体方法为：首先，选取若干个联合反映被评价对象的整体属性，建立候选指标群，从中选出代表性最强的指标，并归为要求的指标体系中。其次，将剩余的候选指标同选出的指标相互进行非参数 Kruskal-Wallis 检验，对与选出的指标没有差异的那些候选指标，可以直接剔除；对与选出的指标有显著差异的候选指标，则将其保留。接着再从候选指标中选择代表性最强的指标，重复上面的非参数 Kruskal-Wallis 检验过程，直至候选指标群中指标选择完全为止。最后，将那些选出的代表性最强的指标联合起来，就是理想的指标体系了。

2.2.2.2　综合评价方法

目前国内外有关综合评价的基础理论方法很多，不同的评价方法各有优劣，有其适用的范围和使用条件。为提高评价的准确性，应将人的主观判断控制在合理的范围内，针对具体的评价目标，选择科学合理的评价方法。作者详细分析了几种常用综合评价方法的应用原理和优缺点，如表 2-2 所示。

表 2-2 常用综合评价方法对比

评价方法	应用原理	优点	局限性
层次分析法	适合应对结构复杂、决策准则较多而且不易量化的决策问题	应用领域较广，具有系统性和简洁性等优势	指标优先级和权重需要通过专家打分获得；检验判断矩阵是否具有一致性过程复杂且困难
模糊综合评价法	以模糊数学为基础，将一些边界不清、不易定量的因素定量化，评价结果以一个模糊的结论来表示	数学模型简单，容易掌握，在经济、社会领域应用广泛	在复杂情况的运算中容易丢失很多信息
模糊德尔菲法	根据专家经验进行指标权重的确定，通过多轮讨论得出最终评价结果	方法简单，无须客观数据的支撑	主观性过强，缺乏事实依据；不具有可移植性
人工神经网络法	模拟人脑进行"学习"，通过不断积累经验值得到效益最佳结果	评价方法具有自适应能力；可以处理非线性、非局域的大型复杂系统	需要大量训练样本；精度不够，容易出现训练偏差
专家咨询法	通过多轮的专家意见征询和对比做出对结果的合理估算	简单、直观性强，适用于诸多繁杂、不确定的因素以及难以进行定量分析的评价项目	专家经验和主观判断对结果影响极大
灰色关联度法	对系统中各元素间不确定的关联关系，依据关联度对系统进行排序	评价过程简单易懂，无须大量样本	须先由专家确定相关指标与权重；要求样本具有时间序列特性
数据包络模型分析法	完全基于指标数据的客观信息，根据多指标输入输出对决策单元进行相对性评价	对数据形式无具体要求；不需要大量的数据支持；无须预先给出权重；可对无效单元提出改进方向	单纯数据包络模型分析法得到的权重缺乏合理性和可操作性
理想点法	通过计算评价目标和两种理想解的距离，评价各目标优劣	过程简单，操作方便；对样本资料无特殊要求	权重确定具有主观性，无法从整体上反映出评价对象与理想解的贴近程度
主成分分析法	大多数情况下，变量之间是有一定相关性的，该方法通过删去多余或者关系紧密的变量，建立尽可能少的新变量，而使这些新建立的变量两两不相关	可使复杂的评价简单化，较多地应用在人口统计学方面的研究	

2.2.3　轨道交通站域开发的其他相关理论

2.2.3.1　城市更新理论

轨道交通的建设对其站点周边城市空间产生了重大影响，作为重要的城市物质性触媒，其触媒效应推动了站域空间的城市更新。同时，我国大城市轨道交通建设普遍滞后于城市建设，轨道交通站域空间开发更多地以城市更新的方式缓慢进行。

（1）轨道交通与城市更新的关系。

国内城市的轨道交通发展起步较晚，往往在轨道交通建设时，其周边的城市土地开发利用已经较为完善，从而错过协同开发轨道交通与城市空间的最佳时机。近年来我国的轨道交通建设事业在各大城市迅猛发展，一些三四线城市也有了地铁，而我国大城市的城市建设却已经逐步进入存量规划的阶段，轨道交通引领城市建设的方式受限，当代城市更是呈现出"城市更新"和"轨道建设"二者在空间、时间上交织一起的状态。

一方面，轨道交通的建设推动了周边地区的城市更新。近年来，随着我国城镇化水平的推进，城市空间建设逐渐转向存量领域，城市建设的核心任务也有所转变，从增量开发时期的推倒重建式的"制造新空间"逐步迈向对既有城市空间的谨慎更新和优化；城市空间的发展以旧城更新、特殊价值地区的保护与挖潜、基础设施的改造与再利用等项目为主要工作内容。轨道交通的建设提升了站点地区的交通区位条件，其带来的人口流量红利提高了区域活力，对周边城市空间提出了更高的要求，轨道交通站域成为城市更新中最为活跃的区域。

另一方面，轨道交通是执行"城市更新"的最佳工具。到了存量规划阶段，由于建设用地使用权是分散在零散个体手中的，所涉及权益分配更加分散、复杂，土地再开发的收益需要兼顾各方。在轨道交通站域空间优化的过程中，往往需要协调统筹各业主方的利益，项目能否顺利进行，各方利益如何平衡，轨道交通良性发展的同时保障物业收益的额外溢价，是城市建设工作决策者需要面临的重大难题。轨道交通的发展给周边城市空间的发展提供了新的引擎，极大地提升了沿线土地的价值，产生了较高的边际效益。因此，根据区域的更新目标，统筹安排沿线物业的所有权，合理地规划好轨道交通线路和站点的布置，将站点周边土地资本价值最大化，充分利用轨道交通的触媒作用，引领城市空间的发展；反过来，健康合理、互利共赢的利益分配方式又有利于轨道交通的建设，为轨道交通的发展提供可持续的资本支持，在此过程中，城市更新目标区域的再开发目标得以实现。

（2）轨道交通站域空间的城市更新。

城市犹如一个复杂的生命体，自诞生之日起，总是处在不断更新变化中，一个完整城市的形成及发展就是其功能日臻更新完善和空间规模不断扩张的过程。"城市更新"的说法由来已久，而现代含义上的"城市更新"（urban regeneration）一词于 1950 年由美国经济学家迈尔斯·克林（Miles Colean）提出。1958 年 8 月，在荷兰召开的城市更新第一次研讨大会中，城市更新被进一步明确定义为："生活在城市的居民，对自己所居住的环境、通勤交通、购物、娱乐或其他城市生活，都有着各种期待或不满。希望自己所居住的房屋，使用的街道、公园、绿地等能得到修理与改善，特别是对大规模的土地利用、不良住区的清除或地区重建计划的实施，以便形成舒适、美好的居住生活环境。"上述内容及其相关的城市建设活动都可被视为城市更新的范畴。

我国的"城市更新"概念由西方的"城市重建"（urban renewal）转译而来，目前并没有统一的定义。2015 年 9 月广州市人民政府讨论通过的《广州市城市更新办法》指出，城市更新是指由政府部门、土地权属人或者其他符合规定的主体，对低效存量建设用地进行盘活利用以及对危破旧房进行整治、改善、重建、活化、提升的活动。由此可以看出，在我国的现阶段城市更新工作中，物质环境改善仍然是重难点环节，城市特色及整体环境的改善提升有所提及但关注较少（图 2-4）。

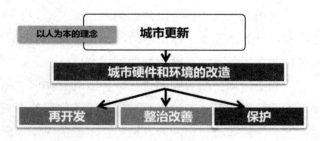

图 2-4　城市更新的理念、目标和方式示意图

由此可见，从本质上来说，城市更新是针对城市硬件、城市环境的更新和改造。城市更新的目标是将城市中已经呈现破旧、衰落的地区，以全新的城市功能对其进行替换或者改造，使之重新焕发活力，让人们受益。当前城市更新方式更加注重精细化的改造，多采用因地制宜、以人为本的理念。城市更新主要分为再

开发（redevelopment）、整治改善（rehabilitation）及保护（conservation）三种。虽然重点仍然在城市硬件和环境的改造上，但对于人的需求越来越重视。在城市更新中，翻新、有选择性拆除、商业开发和税收优惠措施的结合是最常用的实际方法。总体而言，城市更新主要包括两方面的内容：一方面是对城市硬件（建筑物、构造物）的改造；另一方面是对城市环境（自然环境、视觉环境、人工环境）等进行改造。

　　而在当前"存量规划"的背景下，我国轨道交通站域空间开发工作既包括对已建设各类用地、建筑、环境等的改造，也包括适度的增量开发，站域空间开发更多地以城市更新的方式进行。特别是在大城市建成区，轨道交通站域空间开发多体现为对轨道交通站域原有衰败、破旧、不合时宜的城市功能、空间环境等进行重新设计，重塑轨道交通站域空间，加强轨道交通与城市建设的联系。轨道交通站域空间的城市更新设计是存量发展时期进行精细化设计的一种方式，也是使城市发展变得更加宜居宜人、提升轨道交通站域空间环境品质、增添城市活力、丰富人们生活的一种设计策略。

2.2.3.2　节点－场所理论

　　基于对欧洲轨道交通站域空间再开发的研究，贝托里尼于1996年提出了节点－场所模型。该模型清晰地反映了轨道交通站域空间发展的动态过程，对轨道交通站域空间开发具有深远影响。贝托里尼指出轨道交通站点具有"节点"与"场所"的双重属性：一方面，轨道交通站点在城市交通网络中具有交通集散和转换人流的作用，是城市轨道交通线网中的一个组成节点；另一方面，轨道交通准时高效的运输能力以及良好的场所可达性，使各种城市活动向其汇集，形成了以轨道交通站点为中心，以其影响范围为半径的轨道交通站域空间，该站域空间同时也是城市中的开放场所。要实现轨道交通站点与周边城市空间的良性互动，就需要轨道交通站点的节点价值和场所价值达到动态平衡。节点价值是指轨道交通站点的交通和转换能力，场所价值则是指其站域空间在城市中承担的功能。

　　贝托里尼的节点－场所模型呈橄榄球状，如图2-5所示。该模型描述了轨道交通与其周边土地利用的动态过程：橄榄球中部是平衡状态，表示该站点的节点价值和场所价值大体相等，此时轨道交通站点的交通功能和站域空间的城市功能协同作用，互相促进，可认为轨道交通与其周边城市空间形成了良性互动；橄榄球中部上侧是失衡节点状态，表示此时轨道交通站点的客流量较大，交通功能较为突出，而周边的城市空间开发程度较低，需要加大开发建设力度；橄榄球中部下侧是失衡场所状态，表示此时轨道交通站点周边城市空间开发较为完善，而轨道交通的利用尚不充分，交通功能不够完善；橄榄球上顶端区域是压力状态，表示该站点的交通可达性已达到最大值，城市功能的多样性和区域开发潜力也已经得到了最大限度的实现，此时区域各类空间资源之间会产生一定的冲突；橄榄球下端部是从属状态，表示该轨道交通站点客流量较小，站域空间开发活动也较为消极。

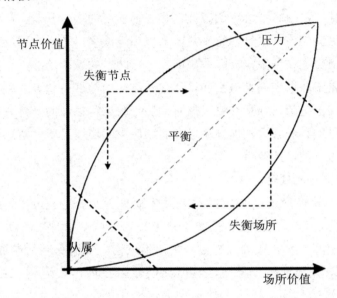

图 2-5　节点－场所模型示意图

2.2.4　相关理论对本研究的启示

2.2.4.1　基于 TOD 理论及相关研究构建评价指标体系

　　TOD 理论下的站域空间环境具有公交先导、功能复合性、集约性、慢行优先等特征。对于轨道交通站域空间环境特征评价的研究，学者们普遍接受的是 TOD 理论下的 3D 和 5D 原则。1997 年，Robert Cervero 和 Kockelman 结合美国旧金山湾区实证研究提出抑制机动车出行的 TOD 的 3D 原则，即密度（density）、用地多样性（land-use diversity）、适合步行的设计（pedestrian-oriented design）。随后 Robert Cervero 另外增加两个"D"来描述 TOD 的站域空间环境：目的地可达性（destination accessibility）和与公共交通车站的距离（distance to transit），因而形成了轨道交通站域空间环境的 5D 模型。

　　由图 2-6 可以看到，5D 指标划分的边界存在一定的含糊性和不确定性，例如"用地多样性""目的地可达性""密度"指标之间存在一些重叠的部分。但是该分类标准对于轨道交通站域建成环境的衡量仍具有重要意义，目前国内学者对轨道交通站域空间开发评价的相关研究当中，构建评价指标体系时同样主要是以国外较为成熟、实践运用较多的 TOD 理论为依据，通过剖析 TOD 的基本理论和原则，将其作为指标选取的基本参照。但是，与国外轨道交通先行于城市建设模式不同，我国大城市中心城区轨道交通建设普遍滞后于城市建设，同时，大城市中心城区的形成往往受到历史、经济、地理等诸多因素的影响，各城市存在环境基础条件不同。我国大城市中心城区轨道交通站域空间优化时不能简单地套用，而应该根据我国城市轨道交通开发的模式和过程特点，借鉴 TOD 的成功经验，选择适用的部分。因此，在构建大城市中心城区轨道交通站域空间环境特征评价指标体系时，以 TOD 的 5D 原则和相关研究为基础，结合城市的环境现状条件，针对本书的研究内容和目的，对 5D 原则进行修正之后，来构建其评价指标体系。

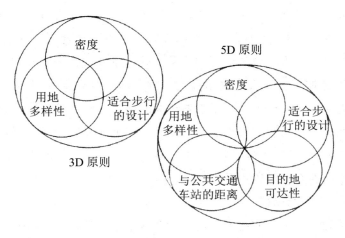

图 2-6　TOD 空间环境从 3D 原则扩展至 5D 原则

2.2.4.2　明确评价指标的选取方法并选择综合评价方法

　　（1）评价指标的选取方法。

　　为满足评价指标体系代表性和全面性的双重要求，力求评价指标选取方法的科学性，采用了以理论分析为参照标准，以实际调研现状为基础，以客观量化为主要手段，以主观定性分析为补充的筛选原则，评价指标体系的构建思路为：先通过指标集的构建满足全面性，再通过对指标的筛选满足代表性。主要的评价指标选取方法有理论分析法、专家咨询法、相关系数分析法、频度统计法等。其中理论分析法和专家咨询法属于主观的分析方法，相关系数分析法、频度统计法属于客观的分析方法。其主要应用包括以下几个方面。

①理论分析法。理论分析法的应用主要是在评价指标集的构建和评价准则的确立时，依据 TOD 理论和国内既有相关研究，针对研究内容和目的，通过比较分析与轨道交通站域空间环境特征相关的各要素，挑选出轨道交通站域空间环境性能水平关键指标项，建立相对全面的评价指标集，并对指标集进行聚类分析，提取评价指标因子，进而创建评价准则。

②频度统计法。频度统计法的应用主要是在评价指标集的构建时，通过对目前国内外相关研究评价标准的指标项进行频度统计，挑选出现频度较高的指标计入评价指标集。

③相关系数分析法。相关系数分析法的应用主要是在对评价指标集的筛选精简过程中，针对聚类分析后的指标集，对每一类指标进行相关系数分析，对相关系数大的指标进行筛选，选择具有代表性的指标，剔除多余指标。相关系数分析法主要通过 SPSS 软件的斯皮尔曼（Spearman）相关系数分析来完成。

④专家咨询法。专家咨询法主要用到的工具有李克特量表和 SPSS 软件。李克特量表是评分加总式量表中最常用的一种，1932 年由美国社会心理学家李克特提出。李克特量表由一组与某个主题相关的问题构成，常见的有五点式量表和七点式量表。五点式量表中常用 5、4、3、2、1 来表述调查者对问题的态度，分值分别对应"非常可能""可能""不一定""不可能""非常不可能"五种回答，从而反映被调查者对该主题的综合态度。

（2）评价方法的选择。

不同的基础评价理论方法各有优劣，其基本原理都存在许多方面的交集。评价方法的选择应针对具体的评价目标，采取合适的评价方法，将人的主观判断控制在更为合理的范围内，提高评价的准确性。本书所选用的评价方法为层次分析法和理想点法相结合，称为层次分析－理想点法，其基本内容如下所述。

①层次分析法。

一是层次分析法的概念。层次分析法（analytic hierarchy process，AHP），

是指将与决策总是有关的元素分解成目标、准则、方案等层次，在此基础之上进行定性和定量分析的决策方法。该方法是美国运筹学家萨蒂于 20 世纪 70 年代初，在研究美国国防部"根据各个工业部门对国家福利的贡献大小而进行电力分配"课题时，应用网络系统理论和多目标综合评价方法，提出的一种层次权重决策分析方法。

二是层次分析法的基本原理。层次分析法根据问题的性质和要达到的总目标，将问题分解为不同的组成因素，并按照因素间的相互关联、影响以及隶属关系将因素按不同层次聚集组合，形成一个多层次的分析结构模型，从而最终使问题归结为最底层（供决策的方案、措施等）相对于最高层（总目标）的相对重要权值的确定或相对优劣次序的排定。

层次分析法充分地考虑了专家方面的意见，比较适合于具有分层交错评价指标的目标系统，而且目标值又难于定量描述的决策问题。

②理想点法。

一是理想点法的概念。理想点法是一种利用评估对象对应点与其理想值的相对接近度来衡量评估对象综合表现的优劣评价函数方法。

二是理想点法的基本原理。将被评估对象看作由反映其整体状况的多个指标值在高维空间中决定的一个点，评估问题就转化成对各评估对象在高维空间中所对应点的评估或排序，这就需要事先确定一个参考点，以此为标准对各评估对象所对应点的优劣做出评估。通常，参考点有正理想点和负理想点之分，距离正理想点越近越好，距离负理想点越远越好。研究者可以通过衡量评估对象的对应点与正理想点的相对接近度来对被评估对象的综合状况做出评估。

理想点法是在多目标综合评价决策中的一种常用方法，该方法运用简单、区分效果明显。理想点法充分地利用了原始数据，且数学计算过程简单，不要求控制样本数量和指标数量，因此应用也较为广泛。

2.2.4.3　提出轨道交通站域空间优化策略的原则

城市更新理论和节点－场所理论都强调轨道交通与周边城市空间的互动关系，同样都是本书的重要理论基础。其中，城市更新理论强调城市空间的物质性、经济性和社会性，指明了轨道交通站域空间的开发应更注重整体与可持续发展，走复杂与多元化的更新道路；而节点－场所模型虽然不尽完善，但清晰地反映了轨道交通站点的发展潜力，同时指出轨道交通站域空间开发实践是一个长期的、动态调整的过程。

两种理论目前仍然是许多政府部门和专家学者制定相关政策的重要依据，也是本书制定大城市中心城区轨道交通站域空间优化策略的重要理论依据。依据该相关理论，在"存量规划"的背景下，我国大城市中心城区轨道交通站域空间优化策略的制定应遵循以下原则。

（1）具有长远性及全局性的开发及优化方向。

我国大城市中心城区轨道交通站域空间的开发目标往往倾向于成效显著的物质环境的创建或更新，追求经济目标，而缺乏对更新区域居民多元诉求的重视，例如在某些本身区位较好的核心站点地区，土地开发容积率不断攀升，形成冰冷拥挤的城市生态环境，社会网络关系遭到破坏。而事实上，轨道交通站域空间开发是一个复杂的城市问题，在站域空间开发优化过程中，需要协调短期开发利益与长期规划、个体项目与总体发展目标、经济效益与社会效益、项目规模及周边设施容量与环境承载力间的矛盾，站域空间开发及优化目标的制定需要多方权益所有者、社会公众、规划部门之间达成一致。因此，轨道交通站域空间优化策略应具有长远性及全局性，物质与人文空间并重，从以往仅重视"增长""效益"的单一价值评判标准，转向以人为本的城市活力提升、城市特色彰显、城市生活品质提升、社会进步等更广泛多元的综合性目标，以实现城市经济、社会、人文、生态的多维可持续发展。

（2）以人为本、关注公众需求。

轨道交通沿线物业所有权往往掌握在不同利益方手中，站域空间开发项目牵涉较广，需要平衡各方利益。同时轨道交通站域空间开发的服务最终仍然要落实到人的需求上。居民是轨道交通和站域空间的使用者，居民的需求对于轨道交通站域空间开发及优化策略的制定具有重要影响。因此，轨道交通站域空间开发在策略制定的最初阶段，就应当建立有效、具影响力的反馈机制，提升公众的参与度。公众参与度低不利于项目推进，也影响居民、管理部门及投资者间凝聚力的形成。因此，轨道交通站域空间开发及优化策略应以人为本，关注使用者的需求，以为居民提供安全舒适、便捷高效的出行方式和生活环境为最终目的，以达到政府、投资方、使用者多方共赢的效果。

（3）注重站域环境特征和更新诉求。

由于目前很多轨道交通站域空间开发仍以开发商建设为主导，缺乏前期深入调研，忽视站点所在区域的地域特色及更新诉求，对整体开发方向没有明确定位，为获取更多的经济利益，不惜拆除或破坏一些具有价值的历史文化建筑，开发建设以购物中心为主要形态的大规模商业地产，精细化设计不足，使得这些项目无论在外观还是内部设计方面都大同小异，雷同现象普遍，造成千城一面的局面。而实际上由于所处城市区位的不同以及承担的城市功能的差异，轨道交通站域空间开发的途径和侧重点也有其自身的定位，简单地套用通用的 TOD 模式，妄图把所有轨道交通站点都建成 TOD 中心是不切实际的。因此，在制定轨道交通站域空间优化策略的过程中，特别是在当前城市开发建设活动逐步转向存量建设的阶段，应当针对站域的环境特征，结合既有建成区的现有条件，明确其站域空间的更新优化诉求。

（4）具有前瞻性的开放空间预留和动态的开发方向调整。

轨道交通是百年工程，使用期限长，一旦建成很难更改，站点的选址以及出入口的布置往往牵连较广，需要与周边的建筑统筹考虑，与其紧密相连的地下空间建设更是具有典型的不可逆性。因此，轨道交通站域空间的开发优化策略应具有前瞻性，为轨道交通站域空间开发的建设预留发展空间，以避免后期的更新建设付出更大的成本。同时，轨道交通站域空间的开发是一个动态的过程，空间更新持续时间长，情况复杂，往往牵一发而动全身，不是一次性建设就可以一劳永逸，需要在过程中不断调整以保持更新的顺利进行。因此，轨道交通站域空间的开发应依据开发、优化重点分批次有序进行，优化策略应具有可调节性与适应性。

2.3　研究任务的分解

如何科学地评价轨道交通站域空间环境特征，将轨道交通站域空间优化问题量化与参数化，制定出更具有针对性和更加精细化的站域空间优化策略，以实现轨道交通站点与城市功能的协调发展，是当前轨道交通站域空间开发科研工作者工作中的一个难题。本书正是以此为切入点，在梳理轨道交通站域空间开发相关理论和对新时期我国大城市中心城区轨道交通站域空间开发特点分析的基础上，提出定性分析、模型评价相结合的轨道交通站域空间优化策略的制定方法，试图在对轨道交通站域空间环境定性分析的基础上，进一步对环境特征进行量化分析比较，并提出可量化、易操作的评价模型，而后结合定性分析的成果和模型评价的结果，提出相应站域空间优化策略。

本书是针对轨道交通站域空间开发的基础性研究，试图结合站域空间环境定性分析的成果和模型评价的结果，从使用者需求出发，提出相应的站域空间优化策略。根据研究目标，本书的研究内容主要包括站域空间环境特征综合评价指标体系的研究、站域空间环境特征综合评价模型的研究。各研究内容具体的研究任务又可以分解为如下几个方面。

2.3.1　站域空间环境特征综合评价指标体系

综合评价指标体系是一个综合体系。准则层决定了评价体系的方向性，指标层决定了评价体系的科学性，要素层决定了评价体系的可行性，标准层决定了评价体系的合理性，它们一起构成了综合评价指标体系。轨道交通站域空间环境特征评价指标体系的建立关键在于评价指标的选择。站域空间环境特征综合评价指标体系研究主要从以下几个方面来进行。首先，根据评价内容和评价目的，提出评价指标体系的制定原则。其次，通过对相关研究的梳理，确定评价指标选择的理论依据。再次，应制定严谨的筛选流程，科学地对评价指标进行筛选，以保证评价指标的全面性和代表性。最后，为便于实施和操作，选择描述明确且易操作的评价参数。

2.3.2　站域空间环境特征综合评价模型

第一步，通过对常用综合评价方法的应用原理和优缺点的比较，以及既有相关研究中各学者使用的综合评价方法的梳理，并针对已经建立的评价指标体系的结构特征，选择适宜的综合评价方法，进而制定科学合理的技术路线。第二步，根据之前建立的站域空间环境基础数据库，按照技术路线完成评价模型的构建。第三步，对评价模型结果进行解析，为站域空间优化策略的制定提供科学依据。

2.4　研究的技术路线

2.4.1　关键技术问题的分析

在本书研究方案的实施过程中，需要解决的关键技术问题有以下几个方面。

2.4.1.1　样本站点空间环境基础数据库的建立

轨道交通站域空间是社会、经济、政治、文化等要素的运行载体，其空间环境影响因素多元化，构成体系复杂，空间环境的数据获取工作量较大，难度较高。

样本站点空间环境基础数据库的建立需要解决两方面的难题：一方面，轨道交通站域空间环境构成要素的确定；另一方面，基础数据的获取方式。站域空间构成要素按不同的分类方式可以分为不同的类型，而其分类方式影响了研究的方向性，基础数据的获取方式决定了数据的准确程度和获取的难易程度。基础数据精度太细，统计起来工作难度较大，操作不易实现，数据精度过于粗略，其结果则不能准确反映客观事实，难以保证评价结果的科学性。

　　本书在样本站点空间环境基础数据库的建立时，充分利用 ArcGIS 平台数据提取、可视化表达技术以及大数据分析等新的空间分析技术和方法，分析了样本站点的土地利用现状，结合 TOD 的设计原则和前人的研究成果，对轨道交通站域城市空间进行分类，并进一步解析了轨道交通站域空间环境的构成体系。之后运用百度地图信息采集、GIS 平台等空间分析技术，完成样本站点基础数据的采集，并通过现场调研修正来确保数据的精度。具体思路如下所述。

　　第一步，通过实地调研和 ArcGIS 平台数据分析等方法，对样本站点站域用地特征和开发现状进行分析。第二步，在前一步的基础上，根据 TOD 的设计原则，结合前人的研究成果，对轨道交通站域空间进行分类，并且针对城市更新的过程特点，解析其系统构成。第三步，根据轨道交通站域空间的系统构成，通过百度地图信息采集、GIS 平台和现场调研修正等研究方法，对轨道交通站域空间基本单位的数量、长度、面积等基础数据进行采集，建立数据库。环境特征的高阶数据如空间密度、土地利用混合度等均可由这些基础数据复合运算得出。

2.4.1.2　评价指标的选择

　　在对我国大城市中心城区轨道交通站域空间环境特征的综合评价指标选取时，借鉴了前人的成果。指标的选取尽可能兼顾评价指标的代表性和全面性，采用理论与实践相结合、主观与客观相结合、定性与定量分析相结合的方法。选取的指标尽可能获取方便，便于操作和实施，可量化的同时描述明确，以客观且直观地反映某一方面的水平。按照 2.3 小节所确定的轨道交通站域空间环境特征评价指标体系的研究思路：首先通过频度统计和理论分析构建评价指标集以满足评价指标的全面性，然后通过量化分析和专家咨询来对评价指标集进行筛选以满足评价指标的代表性。具体思路如下所述。

　　第一步，通过对基础理论和前人研究成果的综合分析，采用频度统计法、理论分析法、因子分析法等研究方法，确定评价准则，总结出相对全面的评价指标集。第二步，基于之前建立的我国大城市中心城区轨道交通站域空间环境特征原始数据库，通过相关系数分析，对相关性较强的评价因子进行筛选，完成评价指标集的精简。第三步，向专家发放调查问卷，专家们根据李克特量表对评价指标重要性进行打分，结合专家们给出的意见以及 SPSS 对打分情况进行结果分析，完成重要性评价指标的筛选和补充。第四步，根据实际情况，剔除参考意义不大的指标。第五步，在归纳合并和剔除不合格的指标后，得到我国大城市中心城区轨道交通站域空间环境评价指标体系。

2.4.1.3 评价方法的选择

科学的评价指标体系的建立是综合评价模型构建的前提，而合理的评价方法的选用是构建科学评价模型的保障。综合评价方法种类繁多，且各有特点，但是从评价的过程特点来看，综合评价方法之间又有些共性，大体又可以分为主观法和客观法两大类。其中，主观法是指评价决策的过程主要通过决策者的主观判断，用来将决策者定性的认识和判断进行定量化的一类方法，如层次分析法、模糊德尔菲法等。客观法没有任何的主观色彩，其权数的确定完全从实际数据中得出，这些数据是指所有评价对象的各指标的得分值或测量值，如人工神经网络法、模糊综合评价法、灰色关联度法、数据包络模型分析法、理想点法等。

许多学者认为，客观法规避了决策者主观因素的影响，相较于主观法更具科学性，因此在综合评价方法中更具适用性。王晓男（2014）指出，在整个综合评价过程中，比如对评价任务的理解、指标体系的构建、权重的分配等，研究者（专家）的主观判断至关重要。主观法的真正缺点在于成本大，而非所谓的"客观性差"等；客观法所得结果虽没有"主观性"，但这并不代表其结果能准确反映客观现实，原始指标值数据结构同样会对结果产生影响，且其运算机制并不总与综合评价所追求的目标具有一致性。

作者认为，主观法充分地考虑了专家的经验因素，但评价过程受个人主观认知和自身资历影响较大，判断过程缺乏理性的参照；而客观法充分地利用了原始数据，但是未能考虑专家经验方面的因素。在综合评价过程中，不能一味地追求主观法或者客观法，而应针对综合评价中不同的阶段和综合评价所追求的目标，选择运算机制与之相适应的方法，充分将专家的经验和客观数据分析方法结合起来，力求评价结果的科学性。在评价方法选择时具体思路如下所述。

第一步，深入分析常用综合评价方法的应用原理，比较其各自的优点和局限性。第二步，通过对既有相关研究中各学者使用的综合评价方法进行分析，分析评价目标与评价方法之间的关系，以及评价方法对评价结果的影响。第三步，针对已经建立的评价指标体系结构和评价参数特征，在前两步的基础之上选择适宜的综合评价方法。

2.4.2　研究技术路线的设计

根据以上研究内容的解析和关键技术问题的分析，本书研究技术路线如图2-7所示。

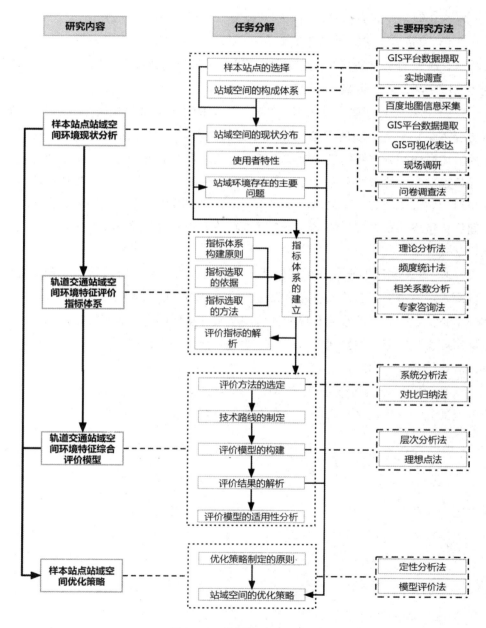

图 2-7　研究技术路线示意图

2.5　本章小结

本章主要是对研究相关理论基础的梳理。主要工作如下所述。

（1）本章界定了研究的相关概念和范围。本书的研究范围为我国大城市中心城区，研究的重点是其"轨道交通站域""空间环境特征"的"综合评价模型"及"站域空间开发"策略。

（2）本章分析了研究相关理论基础。本书的主要研究基础有 TOD 理论、城市更新理论、节点－场所理论和综合评价相关理论。TOD 的设计原则及其理论下的轨道交通站域空间的设计原则和环境特征，是本书轨道交通站域空间环境特征评价标准制定的重要参考依据。城市更新理论和节点－场所理论都强调轨道交通与周边城市空间的互动关系，是本书制定我国大城市市中心城区轨道交通站域空间优化策略的重要理论依据。综合评价相关理论为本书评价模型的建立提供了理论基础。

（3）本章明确了研究的思路框架。本书是针对轨道交通站域空间开发的基础性研究，通过对具有代表性城市典型轨道交通站点的实证性研究，结合站域空间环境特征定性分析的成果和模型评价的结果，从使用者需求出发，提出相应的站域空间优化策略。根据研究目的，本章对研究任务进行了详细分解，并在此基础上制定了研究方案。

（4）本章制定了研究的技术路线。本章通过对研究关键技术问题的分析，引入新的空间分析技术和方法，并在此基础上制定了研究的技术路线。

第 3 章　轨道交通站域空间环境特征

　　轨道交通站域空间是一个多层级的复杂系统，不同的系统层级对应的环境构成要素也不相同，表现出来的环境特征也不相同。

　　本章以轨道交通站域空间环境为研究对象，通过系统分析、分析对比、归纳总结等研究方法，分析了轨道交通站域空间环境的各层级构成要素，并总结了轨道交通站域环境特征，分析了轨道交通站域空间环境特征的发展趋势，为下一章轨道交通站域空间环境特征评价指标体系的建立提供了基础。

3.1　轨道交通站域空间的分类

　　城市空间是城市居民各类城市活动的运行载体，各类城市活动所形成的功能区则构成了城市空间结构的基本框架。克里尔（R. Krier）认为，包括城市内和其他场所各建筑物之间所有的空间形式。这种空间依照不同的高低层次联系在一起，它仅仅在几何特征和审美质量方面具有清晰的可辨性，从而导致人们自觉地去领会这个外部空间，即所谓城市空间。

　　作为城市空间的有机组成部分，轨道交通站域空间按照不同的研究目的和分类方式又可以分为不同的类型。

3.1.1　轨道交通站域空间分类的相关研究

　　王夏璐（2011）根据轨道交通站域城市设计要素，将轨道交通站域空间分为居住空间、公共设施空间、道路广场空间、绿地空间和对外交通用地空间。

　　蒋钊源（2013）从城市空间分类的角度提出了轨道交通站点周边地区交通、商业、居住、游憩的城市设计要素，并将轨道交通站域空间分为游憩空间、居住空间、交通空间和商业空间。

　　弓成（2017）通过对轨道交通城市空间的物质构成要素的解析，从景观设计的角度将轨道交通站域城市空间分为道路交通系统、城市公共空间、建筑形态、标识导向系统。

赵莹莹（2018）根据土地利用性质，将轨道交通站域城市空间分为居住空间、商业服务空间、公共管理与公共服务空间、道路与交通空间、绿地广场空间、市政设施空间。

蔡朝阳（2019）在天津市交通站域可达性与空间分布协同发展策略的研究中，将轨道交通站域城市空间分为商业空间、办公空间、居住空间、公共空间。

以上学者根据研究目的的不同，从不同角度对轨道交通站域空间进行了分类。其分类依据主要有按城市空间的功能分类、按土地利用性质分类和按空间物质构成要素分类等几种。

3.1.2　本书对大城市中心城区轨道交通站域空间的分类

本书在对我国大城市中心城区轨道交通站域空间的分类时，考虑到 TOD 强调站域土地的混合使用和集约利用、实现公共交通优先条件下城市空间的功能复合和集约性发展，其更偏重功能结构和土地利用特征，因此分类的依据结合了城市空间的功能和土地利用性质。

Calthorpe 所提出的 TOD 社区所涉及的城市空间要素分为核心商业区、居住区、次级区域、公园、广场与城市建筑、街道交通、步行与自行车系统、换乘系统与停车系统。按照 Calthorpe 的 TOD 理论，从站域空间的功能来说，核心商业区主要包括商业和商务功能空间，次级区域主要包括商业、商务办公、教育、医疗、行政办公等功能空间。商业设施和商务办公设施可以划归到商业空间，而行政办公设施、教育设施和医疗设施又可以统称为公共服务设施，因此核心商业区和次级区域又可以分为商业空间和公共服务设施空间。公园和广场可以划归到公共开放空间，城市建筑则被包含于各类城市空间。街道交通、步行与自行车系统、换乘系统与停车系统又都可以划归到交通空间中去。因此，按照 TOD 理论，轨道交通站域城市空间要素又可以划分为居住区空间、商业空间、公共服务设施空间、公共开放空间以及交通空间等几大类。

《城市用地分类与规划建设用地标准》（GB 50137—2011）将城市建设用地共分为 8 大类：居住用地（R）、商业服务业设施用地（B）、公共管理与公共服务设施用地（A）、工业用地（M）、物流仓储用地（W）、道路与交通设施用地（S）、绿地与广场用地（G）、公用设施用地（U）。工业用地与物流仓储用地在大城市中心城区轨道交通站域占比较小，且基本都在郊区分布。公用设施用地同样在大城市中心城区轨道交通站域占比非常小，且多与其他功能空间结合布置，如排水、供热管道多与道路结合布置，在轨道交通站域空间分类时常划归到道路用地或是绿地广场用地中去。因此，我国大城市中心城区轨道交通站域空间从用地方面来说，主要有居住用地（R）、商业服务与设施用地（B）、公共管理与公共服务设施用地（A）、道路与交通设施用地（S），以及绿地与广场用地（G）等几类。

因此，根据 TOD 理论及我国城市建设用地的分类，我国大城市中心城区轨道交通站域空间按功能类型来说主要可分为居住空间、商业空间、公共服务设施空间、交通空间和公共开放空间等几种类型（表 3-1）。

表 3-1 我国大城市市中心城区轨道交通站域空间分类示意

TOD 要素 土地利用	商业服务 与设施 用地（B）	公共管理与 公共服务设 施用地（A）	居住用地 （R）	绿地与广场 用地（G）	道路与交通 设施用地（S）
核心商业区	商业空间、公共服务设施 空间		—		
次级区域					
居住区	—		居住空间		
公园				公共开放空间	
广场与城市建筑	—				
街道交通					交通空间
步行与自行车系统	—				
换乘系统与停车系统					

3.2 轨道交通站域空间环境的系统构成

我国大城市中心城区轨道交通站域空间可以分为居住空间、商业空间、公共服务设施空间、交通空间和公共开放空间。各类轨道交通站域空间由不同的基本单位组成，这些各类站域空间的基本单位共同组成了轨道交通站域空间环境系统（表 3-2）。

3.2.1 居住空间

居住空间主要满足居民居住的需求，使用人群相对比较固定。轨道交通站域居住空间主要指 TOD 理论下城市空间要素中的居住区,是指由城市道路或自然界线划分的,具有一定规模的,并不为城市交通干道所穿越的完整地段,区内设有一整套满足居民日常生活需要的基础公共服务设施和机构,基本单位以围合居住空间的实体界面为界的实体空间的组合,也即各类居住小区。

表 3-2　我国大城市中心城区轨道交通站域空间环境系统构成

轨道交通站域空间类型	内容构成	
居住空间	中华人民共和国成立初期的"单位大院"类、改革开放后单位"自筹资金建房"类、居住形态转型时期的"经济型住房"类、居住空间品质提升时期的"商品房"类	
商业空间	按与地平线关系	地上商业设施、地下商业设施
	按业态	零售类、餐饮类、住宿类和娱乐类
公共服务设施空间	医疗设施空间、教育设施空间、办公设施空间等	
交通空间	慢行节点:轨道交通站点出入口、道路交叉口、公交站点、过街设施	
	慢行路径:慢行发展轴、慢行干道、慢行支路和慢行微循环	
公共开放空间	绿地公园、城市广场、开放水体等	

居住空间的分类方式较多,在城市更新视角下,居住空间的优化主要与居住区居住品质相关,而居住品质和居住空间一般与建造年代相关。因此,进一步按照建造年代不同,我国大城市中心城区轨道交通站域居住空间大致可以分为四大类型:中华人民共和国成立初期的单位大院(1980 年以前)、改革开放后单位自筹资金建房(1980～1990 年)、居住形态转型时期的经济型住房(1991～2000 年)、居住空间品质提升时期的商品房(2000 年以后)。下文所述单位大院、自筹资金建房、经济型住房和商品房是代称,代表不同居住品质层级的居住小区。除了这四种居住空间类型外,在中心商务区还有少量以前的洋房,但现在多不用于居住。

3.2.1.1　"单位大院"类

"单位大院"是我国城市所特有的一种居住空间模式,是中华人民共和国成立后多年间以工业生产为前提建设起来的居住地区。住区常以 4～6 层单元板式住宅居多,居民就是这个单位的职工及其家属,就近上班,人口密度大。居住区空间模式一般采用邻里单位模式,体现为功能主义下的等级化的组织模式,即以社区公共服务设施为中心，以其服务能力的大小为半径来控制社区的规模，社区内部道路、绿化、广场、服务等其他功能空间彼此之间独立互不交叉，空间组织严格且级次分明，从上级到下级依次递减。居住布局多采用行列式布局，沿着南北方向线性展开，东西向住宅数量较少，一般都是沿着基地边线设置，在居住区内形成围合空间，点式建筑也偶有出现在其内部。

3.2.1.2 "自筹资金建房"类

"自筹资金建房"类小区强调轴线空间的塑造，居住区级的空间结构明显。"自筹资金建房"类住区空间布局一般有两种模式：一种是"成组成团"，其强调对居住空间的合理组织，将建筑组合成一种或几种组团，在居住区中重复使用达到某种韵律；另一种是"成街成坊"，一般以居住区内部道路体系为骨架，将居住区分成各不同小街坊，街坊内部以公共服务设施为功能组织中心，根据其服务半径来建设住宅，住宅不再成组成团。在平面布局上，居住区的建筑布局以行列式为主，兼有少量散点式和周边式，行列布局形式丰富，有些小区建筑呈扇形或直线形和单元错接的布置形式。

3.2.1.3 "经济型住房"类

"经济型住房"类小区大都建于的 20 世纪 90 年代，房产私有化也开始酝酿。得益于居住区规划各类指标的规范，"经济型住房"类居住区空间结构相对较为完整，往往还呈现出"居住区—居住小区—住宅组团"等层次清晰的规划结构，居住小区具有相对独立的空间结构和功能组织，各居住小区之间又形成协调统一的居住区整体结构，空间结构简单明了。小区还考虑了机动车出行，规划了"人车分行"等级分明的道路系统。在平面布局上，住宅群体之间不再以单一行列式布置，呈现出行列式、周边式、点群式交织的特点，组合方式多样化。

3.2.1.4 "商品房"类

"商品房"类小区一般建于中国住房政策改革之后，住宅市场商品化，居住小区的规划建设为满足市场需求，住房类型出现了新的形式，住区空间结构也摆脱了单纯追求匠气的形式化，空间布局向有机化、生态化发展，居民对居住品质的要求越来越高，居住需求也越来越多元化，提高住区的品质和可识别性是这一时期住区的重要任务。建筑群体平面布局更为自由并趋向简洁，行列式多层和点式高层穿插，布局更加灵活和通透，建筑的采光和通风条件较好，但是围合度减弱，建筑的体量也随之增大，住区空间尺度局部失调。组团建筑规模较大，景观绿化主题性强，各组团之间环境品质均有提高。

3.2.2 商业空间

商业空间主要满足居民购物和娱乐的需求，使用人群并不固定，人口流动性较大。轨道交通不仅影响城市居民对居住区位的选择，改变了城市居住格局，也同样影响了沿线城市商业空间的发展。轨道交通带来的大量集散人流为商业空间的发展提供了基础。同时轨道交通扩大了城市居民的出行范围，改变了居民的购物模式，便利的出行条件使站点周边的商圈可以面向更广范围的消费者。另外，有活力的商业空间也吸引了居民购物出行，反哺了轨道交通的发展。

商业空间由于其较强的地租承受能力和对空间可达性的依赖，因此是轨道交通站域 TOD 核心区的重要组成部分。商业空间按照不同的分类方式可以分为不同的类型，根据轨道交通站域商业空间的特点，主要分类方式有按所处位置和按业态类型分类。

3.2.2.1 按所处位置

以地平线为分隔线，轨道交通站域及其周边的商业空间可以划分为地面商业和地下商业两部分。

（1）地面商业。地面商业是指建造在地铁车站上部及周边的商铺、大型超市、购物中心、百货商厦等。虽然部分商业建筑的地下室与轨道交通车站连通，乘客出站即可进入商场购物，但是更多的商业项目是不与轨道交通车站直接关联的。

（2）地下商业。地下商业是指依附于轨道交通站点形成的位于站点内部或者与其连通区域的一种拓展城市中心地区空间的新型商业。按其所属空间位置划分，通常包括轨道交通站内型商业、地下商业街、传统商场地下部分或地下商场。

3.2.2.2 按业态类型

按业态类型的不同，商业空间主要可以分为零售业、餐饮业、住宿业和娱乐业。其中，零售业按照《零售业态分类》（GB /T 18106 － 2021）可分为便利店、超市、品牌专卖店、购物中心等 17 种；餐饮业主要包括火锅、自助、炒菜、快餐、西餐、面包甜点类型；住宿业主要有星级酒店、快捷酒店、旅馆等类型；而娱乐业则是指影院、酒吧等。

3.2.3 公共服务设施空间

轨道交通沿线持续增长的常住人口迫切需要各种相配套的城市空间来满足居民工作、学习、医疗等必要活动的需求，以使居民的城市生活更有效率和更具便捷性。其中，办公和教育设施类空间人口相对比较固定，医疗设施类空间使用人群则兼有流动性和相对固定的特性。

轨道交通站域公共服务设施空间是指为满足 TOD 社区居民日常生活需要，而配套设置的除商业空间以外的具有公共服务性质的公共空间，主要包括教育设施类空间、医疗设施类空间、办公设施类空间，一般位于 TOD 理论模型中的核心商业区和次级区域。

（1）广义的教育设施类空间有很多种类，如各种类型和程度的学校、学前教育机构、校外教育机构、成人教育机构、各级教育行政机关教育研究机构。本书所指的教育类设施空间是狭义的理解，指各级各类学校。

（2）医疗设施类空间，是指依法定程序设立的从事疾病诊断、治疗活动的卫生机构的总称。主要形式有医院和卫生院，此外，还有疗养院、门诊部、诊所、卫生所（室）以及急救站等。考虑到社区性医疗机构不是居民选择居住区位的关键因素，故本书所指的医疗类设施空间主要是指各类医院和疗养院，还包括养老院。

（3）本书所指的办公类设施空间主要包括各类行政办公空间、企业单位、商务型办公设施，将写字楼划归到商业空间。

3.2.4　交通空间

轨道交通带动了沿线居住空间的发展，繁荣了站域商业空间，促进了站域公共配套设施空间，但是轨道交通空间活力的激发却依赖于站域交通空间系统的设置。交通空间居民以通行为主要活动模式。本书所指的轨道交通站域交通空间主要是指适合于步行和非机动车通行的慢行交通空间，是 TOD 理论下城市空间要素中的步行与自行车道、换乘与停车系统。

按空间形态来分，轨道交通站域慢行交通空间又可分为慢行节点、慢行路径。慢行节点是慢行行为的停顿点，居民慢行运动方向暂停或改变的地点，主要包括轨道交通站点出入口、道路交叉口、公交站点、过街设施等；慢行路径是指线性的慢行空间，具有方向性的特征，主要是指城市道路上的非机动车通道和行人步行通道，按照城市道路的线性界面层级，慢行路径可分为城市慢行发展轴、慢行干道、慢行支路和慢行微循环。

3.2.5　公共开放空间

轨道交通站域开放空间承担了现代城市居民的四大城市活动（居住、工作、游憩与交通）中的游憩功能。相较于以通勤为主的交通空间，在公共开放空间中居民以驻足为主要活动模式。

绿地公园是指城市中向公众开放的以休憩为主要功能，有一定游憩设施与服务设施，同时兼有健全生态、美化景观、防灾减灾等综合作用的绿化用地，包括综合公园、专类公园、带状公园和街头绿地。小面积街边绿化由于集散功能有限，故并未在统计范围之内，中小学校内绿地由于一般为封闭式管理，也未在统计范围之内。

广义的广场概念较为宽泛，属于交通空间，受到两个方向的建筑界面围合的开敞空间都可以称为广场，如建筑入口广场、街角广场。本书所指的城市广场则相对范围较窄，是指那些服务于整个城市或者某地区的集会或者游憩的硬质铺地的公共空间，不包括建筑入口广场，而街角广场一般总是和街头绿地联系在一起，可划归到绿地公园的范畴。

水域是指江河、湖泊、运河、渠道、水库、水塘及其管理范围。本书所指开放性水体是城市具有开放性质的水体所占有的区域，主要包括江河和湖泊。绿地公园中的水体和城市广场中的喷泉不在此范围内。

3.3　轨道交通站域空间环境特征概述

城市轨道交通的建设为城市发展提供了新的引擎，对城市空间产生全方位的直接影响，从宏观的城市结构到微观的城市节点空间，其站域空间环境也有自身的特点。

3.3.1　向心性

由于轨道交通带来了土地价格的提升，在土地价格的引导下，地租承受能力较高的用地类型向可达性较强的地区聚集，呈现出由可达性所决定的土地价格梯度、功能结构梯度以及开发强度梯度。一般而言，具有支付高额租金能力的商业空间会集中在高密度的内圈层，办公、旅馆等功能空间通常分布在中圈层，居住空间大多分布在外圈层。

轨道交通站域的空间分布特征体现出以站点为圆心、以交通合理区为半径，各功能空间圈层有序分布所形成的环形功能布局。

3.3.2　高集约性

轨道交通系统促使沿线站点地区土地高强度开发、高密度利用，吸引多样性的用地功能向沿线站点地区集聚，在轨道交通站点周边形成了围绕站点集约发展的轨道交通站域空间。

3.3.3　立体化

轨道交通通常埋入地下，轨道交通站点的建设将围绕站点的地下空间延伸到周边的建筑地下层，使它们连通起来，并适当地新建地下建筑，形成地下建筑综合体。这样一个庞大的地下综合体在周边建筑地下层都设有出入口，地面出入口也与地上公共交通系统结合，不仅能满足地铁站点人流的换乘需要，也可以与地面城市功能形成互补，布置地下大型综合商业设施，使站点周边地区的城市功能更加完善，也促进了城市地下空间的开发与利用，在站域范围内形成了地上、地面、地下的三层立体化城市空间结构。

3.3.4　分异性

轨道交通站点所处的城市区位、在轨道交通网络中承担的交通作用以及城市职能的不同，也带来其内部空间结构和空间形态具有空间分异、职能分异的特征。不同城市区位、不同功能属性的站点，其内部空间环境特征也都不一样，站点之间，其站域环境具有分异性的特征。

3.4　轨道交通站域空间环境特征发展趋势

3.4.1　空间组织多样化，空间结构簇群化

进入 21 世纪以来，互联网、大数据、电子商务的快速发展对我国城市的土地利用、产业布局、公共空间需求等方面均产生了巨大影响。"互联网＋"减少了地理空间的阻碍，变传统的地理空间为瞬时的信息空间，它的典型特征就是"去中心化"，让居民足不出户就能完成工作、购物、学习、休闲等日常需求。其"去中心化"的特征与传统 TOD 的空间集约、向心发展理念相悖，冲击着传统的 TOD 站域高集约性的空间体系。"互联网＋"的"去中心化"使得站域内部各类功能空间与区位可达性的联系变弱，原本"集聚—扩散过程圈层空间距离递减规律"开始下降。与人流穿行及信息获取紧密相关的商业空间受到极大影响，商业空间不再依赖于轨道交通站点的核心区位，传统的 TOD 单中心圈层式递减的空间结构将逐步向多中心、簇群化的方向发展。

3.4.2 功能构成高度混合化，功能空间智能化

互联网技术的高度发展进一步使城市空间结构扁平化，各类城市空间交织分布，也促使城市区域间各部分社会经济的相互依赖性愈发增强。为打造集约用地、环境友好、设施充沛、活力多元的居住空间，2016 年上海发布《上海市 15 分钟社区生活圈规划导则》，提出以家为中心的 15 分钟步行可达范围内有完善的教育、商业、交通、文体、养老等公共设施，之后各大城市纷纷效仿，新的社区生活圈概念成为人们的普遍追求。轨道交通站点具有高效、便捷的对外交通输送能力，具有成为 15 分钟社区生活圈内核的先天优势。可以预期，未来大城市将形成大量的以轨道交通站点为核心，居住、教育、商业、交通、文体等各类城市空间高度混合的新型社区（图 3-1）。同时，随着智慧技术的应用，城市空间将呈现物理空间与虚拟空间交互、位置空间与流动空间融合的特征，TOD 社区不再是单纯的居住社区，而是承载创新活动、集成智能技术、能够综合发展的重要空间的单元载体，轨道交通站域功能空间将更加智能化。

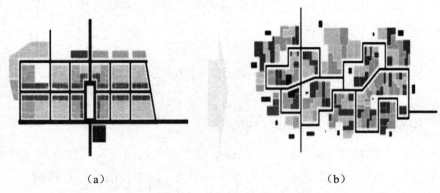

（a）   （b）

图 3-1　TOD 模式的混合化功能构成演变示意图

（a）功能单一；（b）功能混合

3.4.3 站域范围扩大化，公共空间包容化

轨道交通站点的影响范围已较传统的 TOD 理论更为广泛，而且可以预测，今后轨道交通站点影响范围将进一步扩大。"互联网＋共享单车"打通了城市出行的"最后一公里"，为轨道交通站点的慢行接驳提供了极大的便利，居民可以方便地在站域范围内通过"共享单车"到达轨道交通站点，而不用担心停车问题，"共享单车"极大地提高了居民骑自行车出行的意愿。相较于传统的步行出行，

广大市民的慢行出行方式有了极大改善。花费相同时间，自行车出行也较步行出行范围更大，轨道交通站点的影响范围也会逐步扩大。

同时，公共空间逐渐成为 TOD 社区的关键节点。公共空间的一个重要特征就是其作为共享空间，可以让人们在体验过程中形成相应的感知记忆，以此来逐渐构建一个对空间的整体形象。在"共享经济"的影响下，轨道交通站域的公共空间将在商业服务、交通指引和功能介绍等方面得到信息技术支持。公共空间将因其自身的重要性而不断地增加，空间分布更加包容化。

3.5　本章小结

本章是对轨道交通站域空间构成环境的深入剖析，主要内容如下所述。

（1）轨道交通站域空间系统构成的分析。轨道交通站域空间可分为居住空间、商业空间、慢行空间，其构成环境是由这三个子系统组成并包含多层级要素的综合系统。

（2）轨道交通站域空间环境主要影响因素的解析。提升居住品质、激发商业活力、创造慢行引力是轨道交通站域居住空间、商业空间、慢行空间的主要任务，居住品质、商业活力、慢行引力也是评价其环境优劣的主要指标。

（3）轨道交通站域空间环境的特征总结。向心性、高集约性、立体化、分异性是轨道交通站域环境的主要特征，而随着"互联网＋"时代的发展，其站域空间将变得扁平化，功能构成混合化，并且站点的影响范围将进一步扩大。

第4章 轨道交通站域空间环境特征
评价指标体系

  如何科学地评价轨道交通站域空间环境特征，针对站域空间的既有环境基础和更新诉求，制定科学合理的优化策略是我国大城市中心城区轨道交通站域空间优化过程中的重要环节。本章以我国大城市中心城区轨道交通站域空间环境特征的综合评价指标体系为研究对象，在 TOD 理论、既有相关研究的基础上，运用理论与实际相结合、主观与客观相结合、定性与定量分析相结合的方法，根据方向性、全面性、独立性、易操作、可量化、参数化的原则，以天津市为例，从土地利用及分布、功能构成以及交通条件三个方面建立了我国市中心城区轨道交通站域空间环境特征综合评价指标体系，为下一章我国大城市中心城区轨道交通站域空间环境特征综合评价模型的构建提供了理论依据。

4.1 评价指标体系构建的原则

  科学的评价指标体系是大城市中心城区轨道交通站域空间环境特征综合评价的前提。本评价指标体系的制定主要遵循以下原则。

4.1.1 方向性的原则

  轨道交通站域空间环境特征综合评价的目的是制定更有针对性的站域空间优化策略，促进站域空间的可持续发展。因此，轨道交通站域空间环境特征综合评价准则的制定和评价指标的选取，应有利于其主职功能效应的发挥，能充分促进鼓励站域土地的混合使用和集约利用，实现交通优先条件下城市空间的功能复合和集约性、可持续性发展，具有优化轨道交通站域空间环境的方向性。

4.1.2 全面性和独立性的原则

选取轨道交通站域空间环境特征综合评价指标体系中的评价指标时，应从实际出发，尽量避免人为主观因素的影响，实事求是地反映真实情况，能全面反映评价目标的特征，并且评价指标相互之间具有独立性，尽可能避免指标间的相关性，尤其是高度相关性，以保证评价结果的准确性和有效性。

4.1.3 易操作的原则

轨道交通站域空间环境构成复杂，空间要素的获取往往工作量较大且获取难度较高。本书轨道交通站域空间环境特征综合评价指标体系中的要素遵循获取方便，便于操作和实施，描述明确，避免体系过大、指标层次过多，具有易操作的原则。

4.1.4 可量化和参数化的原则

对轨道交通站域空间环境特征综合评价还遵循可量化和参数化的原则。空间环境特征往往量纲不一致，无法进行统一比较，如居住空间占地面积与站点出入口数量之间，前者单位为平方米，后者单位为个。因此，应统一指标的单位或量纲，以保证指标之间具有可比性，且根据实际调研分析结果将"质"性指标参数化处理，在指标标准化处理过程中要注意同趋势化。

4.2 评价指标选取的依据

对于我国大城市中心城区轨道交通站域空间环境评价指标的选取主要有以下三种依据。

4.2.1 TOD 理论

首先，TOD 理论是评价指标选择的直接依据。轨道交通站域空间环境评价标准的研究，学者们普遍接受的是 TOD 理论下 5D 原则中提到的几个指标，即密度（density）、用地多样性（land-use diversity）、适合步行的设计（pedestrian-oriented design）、与公共交通车站的距离（distance to transit）和目的地可达性（destination accessibility）。

按照 5D 原则，轨道交通站域建成环境的评价指标可以分为 5 类，其指标释义如表 4-1 所示。

表 4-1 轨道交通站域建成环境的 5D 指标释义

指标	含义
密度	每单位面积上考察对象的数量状况。考察对象可以是人口、住宅单位、就业人口、建筑面积等
用地多样性	一个给定方位内不同类型土地用途的数量,以及土地面积、建筑面积或者就业程度的比例等内容
适合步行的设计	城市建成区中街道的设计和人行街道的状况。衡量的指标主要有平均街区大小、四岔路口的比例、每平方千米的交叉口数量等;街区中人行道的比例、平均的建筑退让等
与公共交通车站的距离	从居住地或工作地通过最短的街道路程前往最近的地铁车站或公交车站的平均距离。衡量的指标还包括公共交通的密度、车站的距离等
目的地可达性	衡量前往目的地的便捷程度。从区域性层面,可达性指到中央商务区的距离或者指在一个给定的出行时间内可以到达的工作地点和其他吸引人前往的目的地;从地方性层面,可达性指从住宅到达最近的商店及类似经营场所的距离

夏正伟、张烨在《从"5D"到"5D＋N":英文文献中 TOD 效能的影响因素研究》中,通过对 TOD 效能研究的英文文献进行系统梳理,采用社会网络分析和聚类分析等方法,对影响 TOD 效能的建成环境指标及其关联性特征进行了分析,总结了需要重点关注的 6 个维度 37 个指标,如表 4-2 所示。

4.2.2 既有相关研究

既有相关研究是选取评价指标的间接依据。TOD 理论是国内轨道交通交通站域空间开发学者们重要的工作基础,TOD 的基本理论和设计原则也是目前国内学者从事轨道交通站域评价相关研究的主要理论依据,在评价指标体构建过程中将其作为指标选取的基础依据。主要相关研究的评价指标和选择指标的方法如表 1-3 所示。

4.2.3 样本站点的基础数据

获取样本站点的基础数据是选取评价指标的现实依据。本章以天津市为例,选取了 15 个样本站点,基于对样本站点轨道交通站域空间环境系统构成及分布的分析,考察各个指标在各个样本站点的表征情况来完成评价指标的进一步筛选(附录 A 至附录 F)。将个别对于衡量站域空间环境特征不具有参考价值的指标剔除,而将对于不同站点都反映出站域空间环境之间的真实差异的指标予以保留。

表 4-2　英文文献中 TOD 效能的影响因素

指标分类	具体指标
密度	人口密度、工作岗位密度、容积率、住宅密度、商业零售密度、办公建筑密度、商业岗位数量
用地多样性	土地利用多样性、居住用地比重、商业用地比重、工业用地比重、混合用地比重、职住关系、出租住宅单元量
适合步行的设计	宜步行环境、宜居住型社区环境、道路交叉口密度、街道连接性、站域空间接近中心性、站域空间中介中心性、道路总长度、公共空间密度、综合体平均建筑规模、站域停车空间、尽端路密度、次要道路里程、主要道路里程、步行设施
与公共交通车站的距离	到轨交站点距离、公交站点 / 线路数量
目的地可达性	工作岗位可达性、兴趣点可达性、学校可达性、公共安全设施可达性
站点特征	站点的接近中心性、站点的中介中心性、站点交通网络可达性、到中央商务区距离

4.3　评价指标体系的建立

　　针对我国当前城市更新式的站域空间开发模式，相较于国内轨道交通站域空间开发综合评价研究中大多针对宏观系统 TOD 效能的评价，站域空间环境的评价更具有实践指导意义。本章试图通过一种将轨道交通站域空间环境优化问题量化与参数化的工作方式，来建立轨道交通站域空间环境特征的评价指标体系，对于复杂的城市问题提供一种尽可能准确控制与把握的途径，为轨道交通站域空间优化策略的制定提供科学依据。因此，根据研究目的和研究内容，建立我国大城市中心城区轨道交通站域空间环境特征的综合评价指标体系时，本章将研究视角聚焦于中微观层面的站域空间，关注的主体是边界清晰的各类城市空间。

4.3.1　评价指标体系的构建流程

　　按照 2.3 小节所确定的评价指标体系的研究思路：首先通过评价指标集的构建满足全面性，然后通过指标筛选满足代表性。我国大城市中心城区轨道交通站域空间环境特征评价指标体系的具体构建流程如图 4-1 所示。

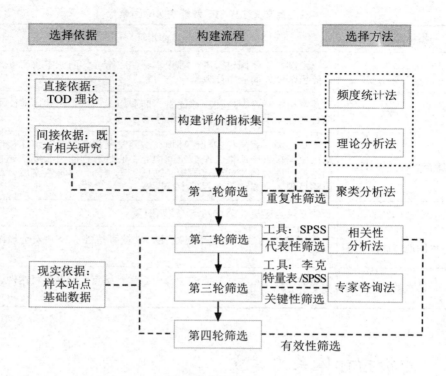

图 4-1　评价指标体系构建流程图

4.3.2　评价指标集的构建

评价指标集应尽量全面，常用的指标集的构建方法有频度统计法和理论分析法。频度统计法通过统计评价指标在相关研究中出现的频率，能反映评价指标的重要性、客观性，但是忽略了评价对象自身的实际情况以及决策分析者的评价目的，容易遗漏具有代表性的指标。理论分析法通过相关理论的梳理，能很好地针对评价对象和评价目的，挑选学者认为能反映性能水平的关键性指标项，但是挑选具有主观性指标，容易缺失关键性指标。因此，在构建评价指标集时，本章结合了两种方法：一种是通过频度统计法统计重要性指标，另一种是通过理论分析法挑选代表性指标，力求指标集的全面性。

4.3.2.1　频度统计法筛选

尽管 5D 指标划分的边界存在一定的含糊性和不确定性，例如"用地多样性""目的地可达性""密度"指标之间存在一些重叠的部分，但是该分类标准对于轨道交通站域建成环境的衡量仍具有重要意义。而评价准则的模糊性可以通过对指标集进行聚类分析，提取评价因子，从而修正评价准则。因此，在频度统计法筛选指标时，指标体系的分类沿用 TOD 理论下的 5D 原则，选取既有相关研究中出现频度多于 4 次（包括 4 次）与空间环境有关的指标，将经济、社会类指标剔除。初步建立评价指标集如表 4-3 所示。

表 4-3　频度统计法评价指标选取与依据

准则层	指标层	选择依据
密度	站域范围内建筑密度	Ewing 和 Cercero（2007）、吴放（2012）、ITDP（2013）、丁孟雄（2014）
用地多样性	站域范围内的用地混合度	Cervero 和 Konkelman（1997）、Ewing 和 Cercero（2007）、吴放（2012）
	社区公共设施及商场	王京元（2009）、杜轩（2010）、祝超（2012）、林云（2012）、徐玥燕（2015）、陈莹钰（2015）
	土地利用多样性	侯雪（2012）、杨光（2016）、巩曦曦（2018）、夏正伟（2019）、肖秋盈（2020）
适合步行的设计	站域范围的平均街区长度	Cervero 和 Konkelman（1997）、Farr（2008）、祝超（2012）、ITDP（2013）
	站域范围内街道交叉口密度	Cervero 和 Konkelman（1997）、Renne 和 Wells（2005）、Ewing 和 Cercero（2010）、ITDP（2013）
	站域范围内人行道长度	Cervero 和 Konkelman（1997）、Susan Handy（2005）、Farr（2008）
	土地绿化及城市景观	张鑫（2011）、祝超（2012）、林云（2012）、孔令琦（2013）、Juan Z（2014）
与公共交通车站的距离	站域范围内公交站点数量	Renne 和 Wells（2005）、戴欣（2011）、ITDP（2013）、孙月（2016）、丁川（2017）
	公交线路设置	丁川（2013）、Fei H（2013）、徐玥燕（2015）、孙月（2016）
目的地可达性	站域范围内公共服务设施（学校、社区中心、医院等）的数量	Susan Handy（2005）、Renne 和 Wells（2005）、ITDP（2013）、丁孟雄（2014）

4.3.2.2　理论分析法挑选

为避免遗漏具有代表性的评价指标，根据本书的评价内容和评价目的，本章进一步通过理论分析法对相关理论进行梳理，补充评价指标集如表 4-4 所示（灰色部分为补充部分）。理论分析法挑选评价指标是主观的方法，为避免作者在构建指标集时由于个人主观原因，遗漏重要性指标或选择非重要指标，后文再通过专家咨询法完成关键性指标的删补。

表 4-4　理论分析法评价指标选取与依据

准则层	指标层	选择依据
密度	站域范围内建筑密度	Ewing 和 Cercero（2007）、吴放（2012）、ITDP（2013）、丁孟雄（2014）
	住宅密度	夏正伟（2019）
	商业零售密度	夏正伟（2019）
	办公建筑密度	夏正伟（2019）
用地多样性	站域范围内的用地混合度	Cervero 和 Konkelman（1997）、Ewing 和 Cercero（2007）、吴放（2012）
	社区公共设施及商场	王京元（2009）、杜轩（2010）、祝超（2012）、林云（2012）、徐玥燕（2015）、陈莹钰（2015）
	土地利用多样性	侯雪（2012）、杨光（2016）、巩曦曦（2018）、夏正伟（2019）、肖秋盈（2020）
	土地利用均衡性	侯雪（2012）
	居住用地比重	夏正伟（2019）
	商业用地比重	夏正伟（2019）
	公共服务用地比重	夏正伟（2019）
	广场等开放空间的面积比例	何凡（2018）
适合步行的设计	站域范围的平均街区长度	Cervero 和 Konkelman（1997）、Farr（2008）、祝超（2012）、ITDP（2013）
	站域范围内街道交叉口密度	Cervero 和 Konkelman（1997）、Renne 和 Wells（2005）、Ewing 和 Cercero（2010）、ITDP（2013）
	站域范围内人行道长度	Cervero 和 Konkelman（1997）、Susan Handy（2005）、Farr（2008）
	土地绿化及城市景观	张鑫（2011）、祝超（2012）、林云（2012），孔令琦（2013）、Juan Z（2014）
	过街设施数量	何凡（2018）
	道路交叉口数量	龙晨吟（2015）

续表

准则层	指标层	选择依据
适合步行的设计	街道活力吸引点密度	何凡（2018）、张舒沁（2020）
	兴趣点丰富程度	彭雨轩（2019）
与公共交通车站的距离	站域范围内公交站点数量	Renne 和 Wells（2005）、戴欣（2011）、ITDP（2013）、LEED ND 和孙月（2016）、丁川（2017）、何凡（2018）、张舒沁（2020）
	公交线路设置	丁川（2013）、Fei H（2013）、徐玥燕（2015）、孙月（2016）、何凡（2018）、张舒沁（2020）
	轨道交通站点出入口设置形式	张舒沁（2020）
	轨道交通站点出入口数量	何凡（2018）、张舒沁（2020）
	站点范围公交站点数量	程之浩（2016）
	站点范围公交线路设置	程之浩（2016）
目的地可达性	站域范围内公共服务设施（学校、社区中心、医院等）的数量	Susan Handy（2005）、Renne 和 Wells（2005）、ITDP（2013）、丁孟雄（2014）

4.3.2.3　评价指标分解

针对本指标体系构建的目的，选取的指标应尽可能客观且直观地反映评价对象某一特征的水平，方便决策者对优化方向的判断，为其策略的制定提供准确选择的可能，且评价指标在实际应用中尽量操作获取方便、描述明确。因此，评价指标尽可能以基础指标为主。对于复合指标，借鉴因子分析法，根据轨道交通站域空间环境系统构成（表3-2），对复合指标进行基础指标的分解，将复合指标分解成由一组基础指标构成的线性组合，用基础性的指标替代复合指标。例如，站域范围内的用地混合度可以分解为居住空间面积、商业空间面积、公共服务设施空间面积、公共开放空间面积和交通空间面积的线性组合，相应的站域范围内的用地混合度也可以用这几个指标来代替。

分解后的我国大城市中心城区轨道交通站域空间环境特征评价指标集如表4-5所示。

表 4-5 大城市中心城区轨道交通站域空间环境特征评价指标集

准则层	一级指标	二级指标
密度	站域范围内建筑密度	居住空间密度
		商业空间密度
		公共服务设施空间密度
		慢行节点密度
		慢行路径密度
		公共开放空间密度
	住宅密度	居住小区数量
	商业零售密度	商业设施数量
	公共服务设施密度①	公共服务设施数量
用地多样性	站域范围内的用地混合度	居住空间面积
		商业空间面积
		公共服务设施空间面积
		交通空间面积
		公共开放空间面积
	社区公共设施及商场	公共服务设施数量
	土地利用多样性	"单位大院"类小区数量
		"自筹资金建房"类小区数量
		"经济型住房"类小区数量
		"商品房"类小区数量
		地上商业设施数量
		地下商业设施数量
		教育类设施数量

①该指标为根据对轨道交通站域空间的分类，将办公建筑密度修正后所得。

续表

准则层	一级指标	二级指标
用地多样性	土地利用多样性	医疗类设施数量
		办公类设施数量
		慢行节点数量
		慢行路径数量
		绿地公园数量
		城市广场数量
		开放水体数量
	土地利用均衡性	居住空间面积占比
		商业空间面积占比
		公共服务设施空间面积占比
		交通空间面积占比
		公共开放空间面积占比
	居住用地比重	居住空间面积占比
	商业用地比重	商业空间面积占比
	公共服务设施用地比重	公共服务设施空间面积占比
	广场等开放空间的面积比例	公共开放空间面积占比
适合步行的设计	站域范围的平均街区长度	慢行路径长度
	站域范围内街道交叉口密度	道路交叉口密度
	土地绿化及城市景观	绿地公园数量
		城市广场数量
		开放水体数量
	过街设施数量	过街天桥数量
		地下通道数量
	道路交叉口数量	道路交叉口数量
	街道活力吸引点密度	业态数量

续表

准则层	一级指标	二级指标
适合步行的设计	兴趣点丰富程度	零售业业态数量
		餐饮业业态数量
		住宿业业态数量
		娱乐业业态数量
与公共交通车站的距离	站域范围内公交站点设置	站域范围内公交站点数量
	公交线路设置	站域范围内公交线路数量
	轨道交通站点出入口设置形式	轨道交通站点出入口种类
	轨道交通站点出入口数量	轨道交通站点出入口数量
	站点范围内公交站点数量	站点范围内公交站点数量
	站点范围内公交线路设置	站点范围内公交线路数量
目的地可达性	站域范围内公共服务设施（学校、社区中心、医院等）的数量	教育类设施数量
		医疗类设施数量
		办公类设施数量

4.3.3　评价指标的筛选

经过对相关基础理论和大量相关文献梳理，作者构建了如表 4-5 所示的我国大城市中心城区轨道交通站域空间环境特征评价指标集。但是，一方面指标集所选评价指标过多，不利于实际操作，且过多的指标间可能存在较多的信息重叠；另一方面受个人认识所限，所选的关键性指标可能存在遗漏，因此需要对评价指标进一步进行筛选和补充。为保证评价指标的全面性和代表性，作者设计了针对评价指标集的四轮筛选，具体实施过程如下所述。

4.3.3.1　第一轮筛选：重复性筛选

观察表 4-5 的二级指标，作者发现部分指标存在重复现象。造成这种现象的原因如下。一是由于 5D 原则的指标划分的边界本身就存在一定的含糊性和不确定性；二是某些复合指标之间本身就具有较强相关性，进行指标分解后会出现基础指标的重合。因此，需要对重复的指标进行合并，并对指标集进行聚类分析，制定边界清晰的评价准则。

（1）对重复的二级评价指标进行整理合并，并按照轨道交通站域空间系统构成分类后，得到的评价指标集构成如下。

①居住空间类指标：包括居住空间密度、居住小区数量、居住空间面积、"单位大院"类小区数量、"自筹资金建房"类小区数量、"经济型住房"类小区数量、"商品房"类小区数量、居住空间面积占比。居住空间类指标又大体可以分为两类，一类是与土地利用及分布有关的指标，包括居住空间密度、居住小区数量、居住空间面积、居住空间面积占比；另一类是与功能构成有关的指标，包括"单位大院"类小区数量、"自筹资金建房"类小区数量、"经济型住房"类小区数量、"商品房"类小区数量。

②商业空间类指标：包括商业空间密度、商业空间面积、商业设施数量、地上商业设施数量、地下商业设施数量、商业空间面积占比、业态数量、零售业业态数量、餐饮业业态数量、住宿业业态数量、娱乐业业态数量。商业空间类指标主要也分为两类，一类为与土地利用及分布有关的指标，有商业空间密度、商业空间面积、商业设施数量、地上商业设施数量、地下商业设施数量、商业空间面积占比；另一类为与功能构成有关的指标，有业态数量、零售业业态数量、餐饮业业态数量、住宿业业态数量、娱乐业业态数量。

③公共服务设施类空间指标：包括公共服务设施空间密度、公共服务设施数量、公共服务设施空间面积、教育类设施数量、医疗类设施数量、办公类设施数量、公共服务设施空间面积占比。公共服务设施空间类指标同样也可以分为两类，一类为与土地利用相关的指标，有公共服务设施空间密度、公共服务设施数量、公共服务设施空间面积、公共服务设施空间面积占比；另一类为与功能构成相关的指标，有教育类设施数量、医疗类设施数量、行政办公类设施数量。

④交通空间类指标：包括慢行节点密度、慢行路径密度、交通空间面积、慢行节点数量、慢行路径数量、交通空间面积占比、慢行路径长度、道路交叉口密度、道路交叉口数量、过街天桥数量、地下通道数量、站域范围内公交站点数量、站域范围内公交线路数量、轨道交通站点出入口种类、轨道交通站点出入口数量、站点范围内公交站点数量、站点范围内公交线路数量。交通类指标反映的是轨道交通站域交通条件，大体也可以分为两类，一类是与轨道交通站域内部交通相关的指标，主要有慢行节点密度、慢行路径密度、交通空间面积、慢行节点数量、慢行路径数量、交通空间面积占比、慢行路径长度、道路交叉口密度、道路交叉口数量、过街天桥数量、地下通道数量、轨道交通站点出入口种类、轨道交通站

点出入口数量、站点范围公交站点数量、站点范围公交线路数量；另一类是与对外交通联系相关的指标，主要有站域范围内公交站点数量、站域范围内公交线路数量。

⑤公共开放空间类指标：包括公共开放空间面积、绿地公园数量、城市广场数量、开放水体数量、公共开放空间面积占比。公共开放空间类指标也同样可以分为两类，一类为与土地利用及分布相关的指标，主要是公共开放空间面积；另一类为与功能构成相关的指标，有绿地公园数量、城市广场数量、开放水体数量。

（2）根据评价指标聚类分析结果，修正评价准则。由以上分析可知，我国大城市中心城区轨道交通站域空间环境特征评价指标大体可以分为三类：与土地利用及分布相关的指标、与功能构成相关的指标以及与交通条件相关的指标。因此，本书将我国大城市中心城区轨道交通站域空间环境特征评价指标体系的评价准则修正为土地利用及分布、功能构成和交通条件等三个方面。其中，土地利用及分布主要考察站域土地利用状况，功能构成主要考察站域城市空间的复合程度，交通条件则主要考察慢行交通接驳等方面的状况，这也与 TOD 理论下的轨道交通站域空间注重公共交通先导性、功能空间复合性、土地利用集约性、慢行交通便捷性的环境特征的方向相一致。

（3）经过第一轮筛选后得到我国大城市中心城区轨道交通站域空间环境特征评价指标体系如表 4-6 所示。

表 4-6　第一轮筛选后的大城市中心城区轨道交通站域空间环境特征评价指标体系

评价目标	评价准则	一级指标	二级指标
大城市中心城区轨道交通站域空间环境特征评价	土地利用及分布	居住空间土地利用及分布	居住空间密度
			居住小区数量
			居住空间面积
			居住空间面积占比
		商业空间土地利用及分布	商业空间密度
			商业空间面积
			商业设施数量
			地上商业设施数量
			地下商业设施数量

续表

评价目标	评价准则	一级指标	二级指标
大城市中心城区轨道交通站域空间环境特征评价	土地利用及分布	商业空间土地利用及分布	商业空间面积占比
		公共服务设施空间土地利用及分布	公共服务设施空间密度
			公共服务设施数量
			公共服务设施空间面积
			公共服务设施空间面积占比
		公共开放空间土地利用及分布	公共开放空间面积
			公共开放空间面积占比
	功能构成	居住空间功能构成	"单位大院"类小区数量
			"自筹资金建房"类小区数量
			"经济型住房"类小区数量
			"商品房"类小区数量
		商业空间功能构成	业态数量
			零售业业态数量
			餐饮业业态数量
			住宿业业态数量
			娱乐业业态数量
		公共服务设施空间功能构成	教育类设施数量
			医疗类设施数量
			办公类设施数量
		公共开放空间功能构成	绿地公园数量
			城市广场数量
			开放水体数量
	交通条件	内部交通条件	慢行节点密度
			慢行路径密度
			交通空间面积

续表

评价目标	评价准则	一级指标	二级指标
大城市中心城区轨道交通站域空间环境特征评价	交通条件	内部交通条件	慢行节点数量
			慢行路径数量
			交通空间面积占比
			慢行路径长度
			道路交叉口密度
			过街天桥数量
			地下通道数量
			道路交叉口数量
			轨道交通站点出入口种类
			轨道交通站点出入口数量
			站点范围内公交站点数量
			站点范围内公交线路数量
		对外交通条件	站域范围内公交站点数量
			站域范围内公交线路数量

4.3.3.2 第二轮筛选：代表性筛选

经过重复性筛选后，评价指标集已经相对全面，科学的评价指标体系需要进一步对评价指标的代表性进行检验。一般可根据相关性系数分析判断关联度大小和方向，来检验评价指标之间是否存在因果关系。常用的检验参数为皮尔逊（Pearson）相关系数或斯皮尔曼（Spearman）相关系数，变量间的相关系数若为正，则说明两个变量的变化趋势相同，若为负，则表示两个变量变化趋势相反。评价指标之间的关联度越大则说明其之间的信息重叠程度越大，评价指标的代表性越低。Pearson 相关系数适合用来分析连续性的变量，当变量中存在分类变量时，则 Spearman 相关系数分析更合适。因此，本书采用 Spearman 相关系数分析法，分别对各类二级指标进行分析。

首先，根据相关性系数，找出关联度较大的评价指标。为避免行文重复，本小节仅以居住空间土地利用及分布评价指标的相关性分析为例说明评价指标的代表性筛选过程。基于样本站点的基础数据，经 SPSS 软件的 Spearman 相关系数分析，居住空间土地利用及分布评价指标相关性分析结果如表 4-7 所示。

表 4-7　居住空间土地利用及分布评价指标相关性分析结果

Spearman 的 rho		居住空间密度	居住空间数量	居住空间面积	居住空间面积占比
居住空间密度	相关系数 Sig.（双侧） N	1.000	0.241	0.996*	−0.521*
			0.388	0.000	0.046
		15	15	15	15
居住空间数量	相关系数 Sig.（双侧） N	0.241	1.000	0.257	−0.205
		0.388		0.356	0.464
		15	15	15	15
居住空间面积	相关系数 Sig.（双侧） N	0.996*	0.257	1.000	−0.507
		0.000	0.356		0.054
		15	15	15	15
居住空间面积占比	相关系数 Sig.（双侧） N	−0.521*	−0.205	−0.507	1.000
		0.046	0.464	0.054	
		15	15	15	15

注：　* 表示在置信度（双侧）为 0.05 时，相关性是显著的。

根据表 4-7 可以看出居住空间面积与居住空间密度显著相关，居住空间面积占比与居住空间密度显著相关。

经过评价指标相关性系数分析，其他关联度较大的指标有商业空间土地利用及分布指标中，商业空间密度与商业空间面积、商业空间面积占比三者之间关联度较大，商业设施数量与地上商业设施数量之间关联度较大；公共服务设施空间土地利用及分布指标中，公共服务设施空间密度与公共服务设施空间面积、公共开放空间面积占比三者之间关联度较大；公共开放空间土地利用及分布指标中，公共开放空间面积和公共开放空间面积占比之间关联度较大；内部交通条件指标中，慢行节点密度、慢行节点数量、道路交叉口密度和道路交叉口数量四者之间关联度较大，慢行路径密度、慢行路径数量和慢行路径长度三者之间关联度较大，交通空间面积和交通空间面积占比之间关联度较大。

其次，将关联度较大的指标聚类筛选。按易操作和可量化的原则，尽量选择指标参数容易获取且具有代表性的基础指标，将与之关联度较大的其他指标剔除。

最后，经过第二轮筛选后得到我国大城市中心城区轨道交通站域空间环境特征评价指标体系如表 4-8 所示。

表 4-8　第二轮筛选后的大城市中心城区轨道交通站域空间环境特征评价指标体系

评价目标	评价准则	一级指标	二级指标
大城市中心城区轨道交通站域空间环境特征评价	土地利用及分布	居住空间土地利用及分布	居住小区数量
			居住空间面积
		商业空间土地利用及分布	商业空间面积
			地上商业设施数量
			地下商业设施数量
		公共服务设施空间土地利用及分布	公共服务设施数量
			公共服务设施空间面积
		公共开放空间土地利用及分布	公共开放空间面积
	功能构成	居住空间功能构成	"单位大院"类小区数量
			"自筹资金建房"类小区数量
			"经济型住房"类小区数量
			"商品房"类小区数量
		商业空间功能构成	业态数量
			零售业业态数量
			餐饮业业态数量
			住宿业业态数量
			娱乐业业态数量
		公共服务设施空间功能构成	教育类设施数量
			医疗类设施数量
			办公类设施数量
		公共开放空间功能构成	绿地公园数量
			城市广场数量
			开放水体数量
	交通条件	内部交通条件	交通空间面积

续表

评价目标	评价准则	一级指标	二级指标
大城市中心城区轨道交通站域空间环境特征评价	交通条件	内部交通条件	慢行路径数量
			道路交叉口数量
			过街天桥数量
			地下通道数量
			轨道交通站点出入口种类
			轨道交通站点出入口数量
			站点范围内公交站点数量
			站点范围内公交线路数量
		对外交通条件	站域范围内公交站点数量
			站域范围内公交线路数量

4.3.3.3　第三轮筛选：关键性筛选

第三轮筛选主要是为避免作者在构建指标集时由于个人主观原因，遗漏重要性指标或选择非重要指标，通过专家咨询法对评价指标进行删补。

作者邀请了 15 位来自高校、城市建设管理部门、设计院、地产公司等行业与本书研究方向契合的具有一定资历的专家。专家组成如表 4-9 所示。

表 4-9　专家组成

专家编号	研究领域	从业单位	职称（或职位）
N1	建筑设计/城乡规划	天津大学	教授
N2	城乡规划	天津大学	副教授
N3	城乡规划	天津市规划局	高级工程师
N4	城乡规划	天津市城市规划设计研究院	高级工程师
N5	建筑设计	天津市地下铁道集团有限公司	高级工程师
N6	建筑设计	中铁第六勘察设计院集团有限公司	高级工程师
N7	建筑设计	悉地（北京）国际设计顾问有限公司	高级顾问
N8	城乡规划/建筑设计	天津城建大学	教授

续表

专家编号	研究领域	从业单位	职称（或职位）
N9	城乡规划	中铁二院工程集团有限责任公司	高级工程师
N10	城乡规划	天津城产发展有限公司	部门经理
N11	城乡规划	天津城建集团有限公司	高级工程师
N12	交通工程	北京交通大学	副教授
N13	地产开发	河南新田置业有限公司	项目总经理
N14	建筑设计	龙湖地产有限公司	部门经理
N15	建筑设计	河南城建学院	副教授

然后，向专家们发放调查问卷（调查问卷见附录 G），专家们根据李克特五点式量表对表 4-8 中的 34 个二级评价指标的重要性进行打分，并给出相关意见。专家打分统计如表 4-10 所示。

表 4-10　评价指标打分统计表 [①]

评价指标	专家打分														
	N1	N2	N3	N4	N5	N6	N7	N8	N9	N10	N11	N12	N13	N14	N15
S1	3	4	3	3	3	5	4	3	4	3	4	4	4	3	4
S2	4	5	4	4	3	4	5	5	4	4	3	3	4	3	3
S3	4	4	4	4	4	5	4	4	5	5	5	4	4	5	4
S4	3	4	3	4	3	3	4	3	3	4	3	3	4	3	4
S5	3	3	4	3	4	3	3	4	3	4	4	3	3	4	3
S6	4	4	4	4	4	4	4	3	4	3	3	3	4	5	4
S7	3	3	3	3	4	3	4	3	3	3	3	3	3	4	3
S8	3	4	4	3	3	4	4	3	3	3	4	2	4	4	4
S9	4	3	3	4	3	2	4	3	3	3	4	2	3	2	4
S10	3	3	3	4	2	4	3	4	3	4	3	3	4	2	3
S11	3	3	4	3	3	4	3	3	2	3	4	3	3	2	3

[①] 为方便查看，此处将表 4-8 中的二级指标依次标号为 S1，S2，…，S34。

续表

评价指标	专家打分														
	N1	N2	N3	N4	N5	N6	N7	N8	N9	N10	N11	N12	N13	N14	N15
S12	4	3	4	4	4	4	3	3	3	4	3	4	4	3	3
S13	4	4	5	4	5	4	4	4	4	4	3	5	4	4	5
S14	4	4	3	3	4	3	4	3	3	4	4	4	3	3	3
S15	3	3	3	3	4	3	4	4	3	3	4	4	3	2	3
S16	3	2	2	3	3	3	4	3	3	3	3	4	2	2	3
S17	3	2	3	3	4	3	4	4	3	3	3	3	3	3	3
S18	4	4	5	4	3	5	4	4	4	4	3	4	3	4	4
S19	4	5	4	4	4	3	3	3	4	5	4	3	4	3	3
S20	3	4	4	3	3	4	3	3	3	4	3	4	4	3	3
S21	3	4	3	4	4	3	3	4	3	4	4	3	4	3	4
S22	4	3	3	4	5	4	3	4	5	4	4	3	3	4	3
S23	2	1	3	2	3	3	2	3	2	1	2	3	1	2	2
S24	4	2	2	1	2	3	4	3	2	1	1	2	1	1	2
S25	4	4	3	4	5	5	4	4	4	4	3	3	4	4	4
S26	5	4	4	4	4	5	4	5	4	4	4	5	3	4	4
S27	3	3	3	3	4	3	2	3	4	3	4	3	3	2	3
S28	3	3	2	2	4	3	3	3	4	3	3	3	3	3	3
S29	3	4	3	3	4	3	4	3	4	3	3	4	3	2	3
S30	4	4	3	3	3	4	3	3	4	3	3	4	3	3	3
S31	3	3	3	3	4	4	3	4	3	3	3	3	3	4	3
S32	3	4	4	3	3	3	4	4	3	3	3	3	3	3	3
S33	4	4	4	4	3	4	3	3	3	3	3	3	3	3	3
S34	4	4	3	4	3	4	4	3	3	4	3	4	3	3	3

对打分情况进行分析，经 SPSS 检验答卷的 Kendall 协调系数，得出的调查结果具有统计学意义。评价结果分析如表 4-11 所示。

表 4-11 评价结果分析表

评价指标	最大值	最小值	均值（C_j）	低分比	变异系数（V_j）
居住小区数量	3.00	5.00	3.600 0	0	0.176
居住空间面积	3.00	5.00	4.000 0	0	0.189
商业空间面积	4.00	5.00	4.400 0	0	0.115
地上商业设施数量	3.00	4.00	3.466 7	0	0.149
地下商业设施数量	3.00	4.00	3.333 3	0	0.146
公共服务设施数量	3.00	5.00	3.733 3	0	0.159
公共服务设施空间面积	3.00	5.00	3.266 7	0	0.140
公共开放空间面积	2.00	4.00	3.333 3	2	*0.217*
"单位大院"类小区数量	2.00	4.00	3.133 3	*3*	*0.237*
"自筹资金建房"类小区数量	2.00	4.00	3.133 3	2	*0.204*
"经济型住房"类小区数量	2.00	4.00	3.066 7	2	0.194
"商品房"类小区数量	3.00	4.00	3.533 3	2	0.146
业态数量	3.00	5.00	4.133 3	0	0.155
零售业业态数量	3.00	4.00	3.466 7	0	0.149
餐饮业业态数量	2.00	4.00	3.266 7	0	0.182
住宿业业态数量	1.00	4.00	*2.933 3*	1	0.178
娱乐业业态数量	2.00	4.00	3.133 3	2	0.165
教育类设施数量	3.00	5.00	3.933 3	1	0.151
医疗类设施数量	3.00	5.00	3.733 3	0	0.188
办公类设施数量	3.00	4.00	3.400 0	0	0.149
绿地公园数量	3.00	4.00	3.533 3	0	0.146
城市广场数量	3.00	5.00	3.733 3	0	0.188
开放水体数量	1.00	3.00	*2.133 3*	*10*	*0.348*

续表

评价指标	最大值	最小值	均值（C_j）	低分比	变异系数（V_j）
交通空间面积	1.00	4.00	**_2.066 7_**	**_11_**	**_0.500_**
慢行路径数量	3.00	5.00	3.933 3	0	0.151
道路交叉口数量	3.00	5.00	4.200 0	0	0.133
过街天桥数量	2.00	4.00	3.066 7	2	0.194
地下通道数量	2.00	4.00	3.066 7	1	0.149
轨道交通站点出入口种类	2.00	4.00	3.200 0	0	0.175
轨道交通站点出入口数量	3.00	4.00	3.333 3	0	0.146
站点范围内公交站点数量	3.00	4.00	3.266 7	0	0.140
站点范围内公交线路数量	3.00	4.00	3.266 7	0	0.140
站域范围内公交站点数量	3.00	4.00	3.333 3	0	0.146
站域范围内公交线路数量	3.00	4.00	3.466 7	0	0.149

　　根据专家反馈评价结果，均值是指该指标的专家打分平均值，均值小于 3 说明指标为非重要指标，可列入存疑指标；低分比是指给该指标打分低于 3 分的专家数量，低分比大于 3 也可列入存疑指标；变异系数，又称"离散系数"（coefficient of variation），是概率分布离散程度的一个归一化量度，其数据大小不仅受变量值离散程度的影响，而且还受变量值平均水平大小的影响。一般来说，变异系数大于 0.200 的指标可列入存疑指标。表 4-11 中加粗斜体数字为存疑指标。三项分析结果均存疑则判定为非重要指标，两项分析结果存疑列入待定指标，需要进一步分析。

　　按照分析结果，开放水体数量和交通空间面积等指标三项分析结果均存疑，故判定为非重要指标，予以剔除。究其原因，开放水体一般为城市建成区非必要组成部分，且一般与绿地公园一起布置，部分已并入绿地公园中统计；而交通空间中对交通条件影响较大的指标一般认为是道路交叉口密度和道路网密度，与慢行节点数量和慢行路径长度相关联，而非面积要素。专家打分结果中的待定指标为"单位大院"类小区数量指标，需进行进一步分析："单位大院"类小区是城市更新过程中老旧小区重点改造的对象，其对于轨道交通站域空间功能构成具有重要影响，故将其保留。

同时，在建议增加的指标中，有专家提出了过大规模封闭地块数量指标。进一步分析：过大规模封闭地块，对于地块内部人员来说，出行距离过长，步行路径选择性变小，出行不便；对于地块外部人员来说，前往轨道交通站点需绕过住区，绕行系数增大，不利于与轨道交通站点之间的慢行接驳。因此，其数量会影响到站域居民的出行便捷性。同时，对居民出行造成不便的过大规模封闭地块主要是指过大规模的封闭小区。我国大城市中心城区轨道交通站域居住小区规模可划分为四个层级：$0 \sim 0.64$ hm^2、$0.65 \sim 2.25$ hm^2、$2.26 \sim 4.84$ hm^2、4.84 hm^2 以上等四个层级，过大规模封闭地块主要是面积超过 2.25 hm^2 的封闭小区。统计各站点该项指标数据后，经过与内部交通条件指标中的其他二级指标的相关性分析，不存在与该指标关联度较高的指标，故将该指标纳入评价指标体系。

最后，经过第三轮筛选后得到我国大城市中心城区轨道交通站域空间环境特征评价指标体系如表 4-12 所示。

表 4-12　第三轮筛选后的大城市中心城区轨道交通站域空间环境特征评价指标体系

评价目标	评价准则	一级指标	二级指标
我国大城市中心城区轨道交通站域空间环境特征评价	土地利用及分布	居住空间土地利用及分布	居住小区数量
			居住空间面积
		商业空间土地利用及分布	商业空间面积
			地上商业设施数量
			地下商业设施数量
		公共服务设施空间土地利用及分布	公共服务设施数量
			公共服务设施空间面积
		公共开放空间土地利用及分布	公共开放空间面积
	功能构成	居住空间功能构成	"单位大院"类小区数量
			"自筹资金建房"类小区数量
			"经济型住房"类小区数量
			"商品房"类小区数量
		商业空间功能构成	业态数量

续表

评价目标	评价准则	一级指标	二级指标
我国大城市中心城区轨道交通站域空间环境特征评价	功能构成	商业空间功能构成	零售业业态数量
			餐饮业业态数量
			住宿业业态数量
			娱乐业业态数量
		公共服务设施空间功能构成	教育类设施数量
			医疗类设施数量
			办公类设施数量
		公共开放空间功能构成	绿地公园数量
			城市广场数量
	交通条件	内部交通条件	过大规模封闭地块数量
			慢行路径数量
			道路交叉口数量
			过街天桥数量
			地下通道数量
			轨道交通站点出入口种类
			轨道交通站点出入口数量
			站点范围内公交站点数量
			站点范围内公交线路数量
		对外交通条件	站域范围内公交站点数量
			站域范围内公交线路数量

4.3.3.4　第四轮筛选：有效性筛选

基于样本站点轨道交通站域空间相关的基础数据，考察各个站点的二级指标参数（表 4-12），可以看出，大多数指标都反映了不同站点空间环境之间的真实差异，只有地下商业设施数量、过街天桥数量、地下通道数量和城市广场数量等几个少数指标在各站点站域之间差别不大。其中，地下商业设施数量指标中，天津市中心城区地下商业空间普遍开发利用不足，只有几个商业型站点有与轨道交通站点出入口相连的地下商业空间，其他站点地下商业设施均为站内型自动售卖机。过街设施则只有翠阜新村站有过街天桥，本溪路由于是高架站点，自带过街天桥。城市广场指标中，只有小白楼站、津湾广场站设有广场，而且都不是真正意义上的城市广场。小白楼站是在天津音乐厅前有个小型的广场，津湾广场站则是世纪钟广场和天津站前的海河广场，世纪钟广场更多的是观赏性的广场，海河广场则更多的是天津站的集散广场。因此，这几个指标对于评价天津市中心城区轨道交通站域空间环境特征参考价值不大，故将其剔除。

经四轮指标筛选并对评价指标编号后，最终得到我国大城市中心城区轨道交通站域空间环境特征综合评价指标体系，如表 4-13 所示。

表 4-13 大城市中心城区轨道交通站域空间环境特征评价指标体系

目标层	准则层	指标层	
		一级指标	二级指标
我国大城市中心城区轨道交通站域空间环境特征评价 A	土地利用及分布 B1	居住空间土地利用及分布 C1	居住小区数量 D1
			居住空间面积 D2
		商业空间土地利用及分布 C2	商业空间面积 D3
			地上商业设施数量 D4
		公共服务设施空间土地利用及分布 C3	公共服务设施数量 D5
			公共服务设施空间面积 D6
		公共开放空间土地利用及分布 C4	公共开放空间面积 D7
	功能构成 B2	居住空间功能构成 C5	"单位大院"类小区数量 D8
			"自筹资金建房"类小区数量 D9
			"经济型住房"类小区数量 D10
			"商品房"类小区数量 D11
		商业空间功能构成 C6	业态数量 D12
			零售业业态数量 D13
			餐饮业业态数量 D14

续表

目标层	准则层	指标层	
		一级指标	二级指标
我国大城市中心城区轨道交通站域空间环境特征评价 A	功能构成 B2	商业空间功能构成 C6	住宿业业态数量 D15
			娱乐业业态数量 D16
		公共服务设施空间功能构成 C7	教育类设施数量 D17
			医疗类设施数量 D18
			办公类设施数量 D19
		公共开放空间功能构成 C8	绿地公园数量 D20
	交通条件 B3	内部交通条件 C9	过大规模封闭地块数量 D21
			慢行路径数量 D22
			道路交叉口数量 D23
			轨道交通站点出入口种类 D24
			轨道交通站点出入口数量 D25
			站点范围内公交站点数量 D26
			站点范围内公交线路数量 D27
		对外交通条件 C10	站域范围内公交站点数量 D28
			站域范围内公交线路数量 D29

4.4　评价指标体系的解析

经过以上评价指标集的精心构建和四轮对评价指标的严格筛选程序后，本章构建了如表 4-13 所示的我国大城市中心城区轨道交通站域空间环境特征综合评价指标体系。评价指标体系一共分为三个层次：目标层、准则层、指标层，其中指标层由一级指标和二级指标组成。

4.4.1 目标层

本评价体系建立的主要目的是针对我国当前轨道交通站域空间城市更新式的开发模式和过程特点，以天津市中心城区为例，建立轨道交通站域空间环境特征的评价指标体系，以科学地评价轨道交通站域空间环境特征，为决策者制定轨道交通站域空间优化策略提供科学依据。因此，本评价体系的目标层为我国大城市中心城区轨道交通站域空间环境特征评价 A1。

4.4.2 准则层

TOD 理论下的 5D 原则是国内大多科研工作者在对轨道交通站域空间开发综合评价研究时工作的基础。但是 5D 原则指标划分的边界存在一定的含糊性和不确定性，部分指标之间存在重叠。因此，本书根据 5D 原则，分别以 TOD 理论和国内既有相关研究成果为直接和间接理论依据，以天津市实际情况为现实依据，针对本书的研究目的和内容，构建了评价指标集，并对评价指标进行聚类分析后，将评价准则修正为土地利用及分布 B1、功能构成 B2 和交通条件 B3 三个方面。其中土地利用及分布准则主要考察站域空间开发的状况，功能构成准则考察站域空间的功能混合程度，交通条件准则考察站域空间的慢行接驳状况和居民出行的方便程度，这也与 TOD 强调站域土地的混合使用和集约利用，实现交通优先条件下城市空间的功能复合和集约性发展的特征相符。该准则层较为全面地覆盖了 TOD 理论下的轨道交通站域空间环境特征，且符合具有优化轨道交通站域空间环境的方向性原则。

4.4.3 指标层

通过采用理论与实际相结合、主观与客观相结合、定性与定量分析相结合的方法，经过多层严密程序筛选后，最后挑选出我国大城市中心城区轨道交通站域空间环境特征的评价指标。评价指标由两个层级构成，一级指标由居住空间土地利用及分布 C1、商业空间土地利用及分布 C2、公共服务设施空间土地利用及分布 C3、公共开放空间土地利用及分布 C4、居住空间功能构成 C5、商业空间功能构成 C6、公共服务设施空间功能构成 C7、公共开放空间功能构成 C8、内部交通条件 C9 和对外交通条件 C10 等 10 个指标组成。二级指标由居住小区数量 D1、居住空间面积 D2、商业空间面积 D3、地上商业设施数量 D4、公共服务设施数量 D5、公共服务设施空间面积 D6、公共开放空间面积 D7、"单位大院"类小区数量 D8、"自筹资金建房"类小区数量 D9、"经济型住房"类小区数量 D10、"商品房"类小区数量 D11、业态数量 D12、零售业业态数量 D13、餐饮业业态数量 D14、住宿业业态数量 D15、娱乐业业态数量 D16、教育类设施数量 D17、医疗类设施数量 D18、办公类设施数量 D19、绿地公园数量 D20、过大规模封闭地块数量 D21、慢行路径数量 D22、道路交叉口数量 D23、轨道交通站点出入口种类 D24、轨道交通站点出入口数量 D25、站点范围内公交站点数量 D26、站点范围内公交线路数量 D27、站域范围内公交站点数量 D28、站域范围内公交线路数量 D29 等 29 个指标构成。该指标体系指标集的构建借鉴了前人的研究成果，尊重了专家的意见，针对本书的评价目标和内容，较为全面地反映了轨道交通站域空间的环境特征，且指标的选取过程科学、严谨。

4.4.3.1　评价指标的计算方式

根据易操作、可量化的原则，轨道交通站域空间环境特征综合评价指标体系中的评价参数应获取方便，便于操作和实施，描述明确。本书对评价参数的获取先通过百度地图绘出或者通过大数据采集软件采集获取，然后实地调研验证后修正所得。

为避免重复，作者仅以"居住空间土地利用及分布 C1：居住小区数量 D1/居住空间面积 D2，居住空间功能构成 C5：'单位大院'类小区数量 D8/'自筹资金建房'类小区数量 D9/'经济型住房'类小区数量 D10/'商品房'类小区数量 D11，内部交通条件 C9：过大规模封闭地块数量 D21/站点范围内公交站点数量 D26/站点范围内公交线路数量 D27"等较有代表性的指标为例，来说明本书评价参数的获取和计算方式。

（1）居住空间土地利用及分布 C1：居住小区数量 D1/居住空间的面积 D2。

①居住小区数量 D1：站域居住小区数量 n。

居住空间的基本单元为居住小区，居住空间的数量即体现为居住小区的数量，因此，居住小区数量 D1 可用站域居住小区数量 n 来表征。具体操作方式为通过调研或资料查询，统计站域内居住小区数量 n 即为居住小区数量 D1。计算公式为

$$D1 = n　（1，2，\cdots，n）\tag{4-1}$$

式中，n 为第 n 个小区。

如表 4-14 所示，先通过百度地图绘出站域居住小区分布图，然后实地调研验证，统计得到站域内居住小区总数量为 19 个，则本溪路站居住小区数量 D1=19。

表 4-14　本溪路居住小区数量统计表

站点	小区名称	居住小区分布	居住小区数量 D1
本溪路站	1 复印小区；2 永进楼；3 东方楼；4 化工小区；5 恒仁楼；6 昌图楼；7 昌图楼 - 南区；8 绥中楼；9 开源楼；10 开源楼小区；11 彰武楼；12 新凯里；13 新凯东里；14 锦西里；15 锦西南里；16 本溪楼；17 裕国楼；18 本溪楼东区；19 宁城楼		D1 = n = 19

②居住空间面积 D2：站域各居住小区面积 f_i。

居住空间面积体现为居住小区的面积，居住空间面积 D2 可用站域内各居住小区面积 f_i 来表征。具体操作方式为通过调研或资料查询，统计站域内各居住小区面积，然后相加求和即为居住空间面积 D2。计算公式为

$$D2 = \sum_{i=1}^{n} f_i \qquad (4\text{-}2)$$

式中，f_i 为第 i 个居住小区面积。

如表 4-15 所示，统计天津市津湾广场站各居住小区规模后，按式（4-2）计算得到津湾广场站的居住空间面积为 D2 = 4.35。

表 4-15　津湾广场站站域居住小区规模统计表

小区名称	居住小区面积 /hm²	站域居住小区分布	居住空间面积
增贤里	0.37		
朝晖里	0.69		
融景华庭	0.89		
通余里	0.61		
赤峰道小区	0.41		D2 = 4.35
复兴楼	0.35		
吉林路 24 号	0.09		
承德道小区	0.94		

（2）居住空间功能构成 C5："单位大院"类小区数量 D8/"自筹资金建房"类小区数量 D9/"经济型住房"类小区数量 D10/"商品房"类小区数量 D11。

"单位大院"类小区数量 D8/"自筹资金建房"类小区数量 D9/"经济型住房"类小区数量 D10/"商品房"类小区数量 D11 的评价参数为各不同类型小区数量 q_i，计算公式为

$$D_i = q_i \qquad (4-3)$$

式中，q_i 为不同类型小区数量。

如本节对西康路站站域各居住小区建造年代汇总后（表 4-16），按式（4-3）计算，得到其居住空间功能构成各指标分别为 D8 = 4，D9 = 14，D10 = 14，D11 = 8。

表 4-16　按建造年代分类西康路站站域居住小区类型统计表

小区名称	建造年代	小区名称	建造年代	小区名称	建造年代
开发里	2000	万荣公寓	2000	信华里	1982
宜昌北里	1985	清华园	2002	树德里	1988
和康名邸	2012	新宜里	1970	迎新里	1990
昆营里	1984	辅恩里	1986	信华南里	1985
世家新苑	2000	东亚里	1982	新欣里	1984
惠东北里	1984	格普澜轩	1996	天新里	1985
长发公寓	1996	三乐里	1998	万科都市花园	1990
协安里	1996	惠嘉公寓	1998	建津里	1997
京海公寓	1998	云汉里	1978	银行里	1997
同康里	1996	正和公寓	1998	气象西里	1981
四达里	1980	文善里	1979	竞业里	1983
昆明公寓	2001	贵阳公寓	2001	大生里	1997
三友里	1990	复元里	1980	天兴里	1978
鼎成公寓	2000				

（3）内部交通条件 C9：过大规模封闭地块数量 D21/ 站点范围内公交站点数量 D26/ 站点范围内公交线路数量 D27。

①过大规模封闭地块数量 D21：规模大于 2.25 hm² 的封闭小区数量。

如前文所述，天津市中心城区轨道交通站域过大规模封闭地块主要是面积超过 2.25 hm² 的封闭小区。因此，过大规模封闭地块数量可以用规模大于 2.25 hm² 的封闭小区数量 n 来表征。计算公式为

$$D21 = n（1，2，\cdots，n）\tag{4-4}$$

式中，n 为第 n 个规模大于 2.25 hm² 的封闭小区。

例如经统计得到天津市西康路站站域居住小区的各层级规模小区数量（表 4-17），按式（4-4）计算得到 D21 = 4。

表 4-17　西康路站站域居住小区的各层级规模居住小区数量统计

规模层级	居住小区数量	站域居住小区分布
0 ~ 0.64 hm²	15	
0.65 ~ 2.25 hm²	21	
2.26 ~ 4.84 hm²	4	
大于 4.84 hm²	0	
D21 = 4 + 0 = 4		

②站点范围内公交站点数量 D26/ 站点范围内公交线路数量 D27：站点 150 m 范围内公交站点数量 / 站点 150 m 范围内公交线路数量。

轨道交通站域站点范围一般是指离站点 150 m 范围的区域，因此站点范围内公交站点数量 D26、站点范围内公交线路数量 D27 可以分别用站点 150 m 范围内公交站点数量、站点 150 m 范围内公交线路数量来表征。计算公式为

$$D26（D27）= n（1，2，\cdots，n）\tag{4-5}$$

式中，n 为站点范围内第 n 个公交站点（或者第 n 条公交线路）。

例如，经统计得到天津市本溪路站站点 150 m 范围内公交站点及公交线路分布及数量（表 4-18），按式（4-5）计算得到 D26 = 1，D27 = 8。

4.4.3.2　评价指标的方向性

根据评价指标变化趋势与评价结果之间的相互关系，评价指标又可以分为三类。第一类是正向指标，其指标值越大，则评价结果越好，这类指标也称为效益型指标；第二类为逆向指标，其指标值越小，则评价结果越好，这类指标也称为成本型指标，在实际运用中往往通过取倒数等方法将其转化为正向指标；第三类

为适度指标，这类指标的值则是在某个区间内较好。

表 4-18 本溪路站站点 150 m 范围内公交站点及公交线路数量统计

公交车站点分布	站点 150 m 范围内公交站点（公交线路）
	本溪路站（22、34、37、351、602、649、732、801） D26=1；D27=8

天津市中心城区轨道交通站域空间环境评价指标按方向性主要分为正向指标和逆向指标两类。其中逆向指标有"单位大院"类小区数量 D8、"自筹资金建房"类小区数量 D9、"经济型住房"类小区数量 D10、过大规模封闭地块数量 D21等四个指标，其他指标均为正向指标。判定逆向指标的依据如下所述。

（1）《天津市河北区人民政府办公室关于印发河北区老旧小区及远年住房改造工作实施方案的通知》（2017）中提到"远年住房特指 1999 年 12 月 31 日前建成的商品房、少量公产房等（含平房）"；《天津市人民政府办公厅关于印发天津市老旧房屋老旧小区改造提升和城市更新实施方案的通知》（2021）中提到"老旧小区改造提升内容包括基础类、完善类、提升类三类。到'十四五'期末，力争基本完成 2000 年底前建成的需改造城镇老旧小区改造任务"。可见，2000 年前建成的"单位大院"类小区、"自筹资金建房"类小区和"经济型住房"类小区是天津市城市更新过程中老旧小区改造的主要对象。因此，判定"单位大院"类小区数量 D8、"自筹资金建房"类小区数量 D9 以及"经济型住房"类小区数量 D10 为逆向指标，其数量越多，说明需要改造的老旧小区数量越多，站域居住空间的功能结构水平越低。

（2）如前文所述，过大规模封闭地块，对于地块内部人员来说，出行距离过长，步行路径选择性变小，出行不便；对于地块外部人员来说，前往轨道交通站点需绕过住区，绕行系数增大，不利于与轨道交通站点之间的慢行接驳；同时还导致区域内步行、自行车以及机动车全都集中在小区周围干道上，增加了地块外部道路的交通压力，容易造成道路拥堵。过大规模封闭地块数量越多，居民出行的便捷性越差，内部交通水平越低。因此，过大规模封闭地块数量 D21 为逆向指标。

各二级评价指标的评价参数及方向性如表 4-19 所示。

表 4-19　各二级评价指标的评价参数及方向性

二级指标名称	评价参数	方向性
居住小区数量 D1	站域居住小区数量	正向；居住小区数量越大，评价结果越好
居住空间面积 D2	站域各居住小区面积	正向；居住空间面积越大，评价结果越好
商业空间面积 D3	站域各商业设施占地面积	正向；商业空间面积越大，评价结果越好
地上商业设施数量 D4	站域地上商业设施占地数量	正向；地上商业设施数量越大，评价结果越好
公共服务设施数量 D5	站域各类公共服务设施数量	正向；公共服务设施数量越大，评价结果越好
公共服务设施空间面积 D6	站域各公共服务设施占地面积	正向；公共服务设施空间面积越大，评价结果越好
公共开放空间面积 D7	站域各公共开放空间占地面积	正向；公共开放空间面积越大，评价结果越好
"单位大院"类小区数量 D8	站域"单位大院"类小区数量	逆向；"单位大院"类小区数量越大，评价结果越差
"自筹资金建房"类小区数量 D9	站域"自筹资金建房"类小区数量	逆向；"自筹资金建房"类小区数量越大，评价结果越差
"经济型住房"类小区数量 D10	站域"经济型住房"类小区数量	逆向；"经济型住房"类小区数量越大，评价结果越差
"商品房"类小区数量 D11	站域"商品房"类小区数量	正向；"商品房"类小区数量越大，评价结果越好
业态数量 D12	站域 POI 业态数量	正向；业态数量越大，评价结果越好
零售业业态数量 D13	站域 POI 零售业业态数量	正向；零售业业态数量越大，评价结果越好
餐饮业业态数量 D14	站域 POI 餐饮业业态数量	正向；餐饮业业态数量越大，评价结果越好
住宿业业态数量 D15	站域 POI 住宿业业态数量	正向；住宿业业态数量越大，评价结果越好

续表

二级指标名称	评价参数	方向性
娱乐业业态数量 D16	站域 POI 娱乐业业态数量	正向；娱乐业业态数量越大，评价结果越好
教育类设施数量 D17	站域各类学校数量	正向；教育类设施数量越大，评价结果越好
医疗类设施数量 D18	站域各类医院和疗养院、养老院数量	正向；医疗类设施数量越大，评价结果越好
办公类设施数量 D19	各类行政办公空间、企业单位数量	正向；办公类设施数量越大，评价结果越好
绿地公园数量 D20	站域绿地公园数量	正向；绿地公园数量越大，评价结果越好
过大规模封闭地块数量 D21	站域面积超过 2.25 hm² 的封闭小区数量	逆向；过大规模封闭地块数量越大，评价结果越差
慢行路径数量 D22	站域街道数量	正向；慢行路径数量越大，评价结果越好
道路交叉口数量 D23	站域道路交叉口数量	正向；道路交叉口数量越大，评价结果越好
轨道交通站点出入口种类 D24	站域轨道交通站点出入口种类数量	正向；轨道交通站点出入口种类越大，评价结果越好
轨道交通站点出入口数量 D25	站域各类轨道交通站点出入口数量	正向；轨道交通站点出入口数量越大，评价结果越好
站点范围内公交站点数量 D26	站点 150 m 范围内公交站点数量	正向；站点范围内公交站点数量越大，评价结果越好
站点范围内公交线路数量 D27	站点 150 m 范围内公交线路数量	正向；站点范围内公交线路数量越大，评价结果越好
站域范围内公交站点数量 D28	站域范围内公交站点数量	正向；站域范围内公交站点数量越大，评价结果越好
站域范围内公交线路数量 D29	站域范围内公交线路数量	正向；站域范围内公交线路数量越大，评价结果越好

4.5　本章小结

本章是对我国大城市中心城区轨道交通站域空间环境特征综合评价指标体系的研究，主要工作如下所述。

（1）本章提出了评价指标体系的构建原则。本评价体系应遵循方向性、全面性、独立性、易操作、可量化、参数化的原则。

（2）本章指出了评价指标选取的依据。在评价指标的选取时，TOD 理论下的设计原则和环境特征提供了直接依据，国内学者的相关研究中采用的评价指标提供了间接依据，样本站点调研基础数据分析则为评价指标的选取提供现实依据。

（3）本章选择了评价指标。评价指标的选择首先构建了相对全面的评价指标集，然后通过对评价指标的重复性筛选、代表性筛选、关键性筛选和有效性筛选等四轮严密筛选程序，最终选择了 10 个一级评价指标、29 个二级评价指标。

（4）本章对评价指标体系进行了解析。评价指标体系一共分为三个层次，即目标层、准则层、指标层，其中指标层由一级指标和二级指标组成。最后，对评价指标体系各层次结构内容进行合理性分析，给出了各评价指标的评价参数，并解析了评价指标的方向性。

第5章 轨道交通站域空间环境特征综合评价模型的生成

评价指标体系的建立为综合评价提供了理论基础，但是，评价结果的得出还需要针对评价指标体系构建可靠的评价模型，以对评价对象的指标参数进行处理分析。构建可靠评价模型的关键是选择科学的评价方法。本章以我国大城市中心城区轨道交通站域空间评价模型为研究对象，通过对常用评价方法分析对比，针对我国大城市中心城区轨道交通站域空间环境评价指标体系的特点，科学地选择针对性较强的评价方法，制定清晰合理的技术路线，构建我国大城市中心城区轨道交通站域空间环境特征的评价模型，并对评价模型的适用性进行了分析，为轨道交通站域空间开发和优化提供了科学依据。

5.1 评价目标的确立

在有利于各类型站域空间环境优化的视角下，科学地综合评价轨道交通站点的空间环境特征，是本评价模型生成的目标。

5.2 研究方法的选定

基于以上评价目标，本书选择采用层次分析-理想点法来作为研究方法。

5.2.1 层次分析法

层次分析法通常应用在难以完全定量分析的问题上，是一种对模糊而复杂的问题做出决策的简易方法。层次分析法充分地考虑了专家的意见，但是存在严重的主观臆断性，缺乏客观的判断依据。

5.2.2 理想点法

理想点法是在多目标综合评价决策中的一种常用方法，就是通过计算各组评价指标至其理想点的距离来明确目标的分类。该方法运用简单、区分效果明显。理想点法不要求控制样本数量和指标数量，数学计算过程简单，充分地利用了原始数据，但是未能考虑专家经验方面的因素。

5.2.3 层次分析－理想点法

层次分析法可用来排序向量描述不同因素的相对重要性，理想点法适合用来求解多目标决策。

因此，本书采用层次分析法和理想点法相结合的方法针对轨道交通站域环境特征进行评价。基本方法为，依据第 4 章建立的轨道交通站域空间环境特征综合评价指标体系，采用层次分析法，听取专家意见分配各个评价指标相对应的权重值；然后，根据层级分析法分配的各指标项对应的权重值，利用理想点法来处理样本站点的各项指标基础数据，找到理想模型，通过分析与理想模型之间的贴切程度来对样本站点进行综合评价。

该方法既充分尊重专家意见，考虑到轨道交通站域空间环境特征的本身空间属性，又充分利用了轨道交通站域空间环境特征的原始数据，科学分析轨道交通站域环境特征的各项评价指标，与评价目标吻合。

5.3 技术路线的制定

轨道交通站域空间环境特征评价是一个涉及多层次、多指标、多属性的多目标决策问题。第 4 章对我国大城市中心城区轨道交通站域空间环境特征进行评价，已建立评价指标体系。该指标体系层次结构复杂，评价指标虽然多维度，但是边界界定清晰具体，评价参数均易操作、可量化，且评价指标方向性明确，易转化为与评价结果同变化趋势方向的指标（对于逆向指标取倒数处理）。同时，本书样本充足，已建立较为完善的基础数据库。对照表 2-2 所列各综合评价方法的应用原理和优缺点，本章采用理想点法构建评价函数较为适宜。为避免理想点法只能单个比较评价对象与理想解的距离，对于评价对象的整体水平考核不足的问题，作者引入层次分析法对评价指标进行赋权，并对评价指标数据进行归一化处理，从而将不同量纲的评价指标数置于同一标准中，方便比较，从整体上得出评价对象与理想解的距离。

按照以上研究思路，作者制定的技术路线如下所述。

（1）第一步：构建轨道交通站域空间环境特征综合评价的层次结构模型。

根据前文已建立的轨道交通站域空间环境特征综合评价指标体系构建层次结构模型。

（2）第二步：运用层次分析法计算指标权重。

①构建比较判断矩阵，由专家根据评价目标对象，对各层级准则层中的各个评价指标之间的重要性对比关系进行两两比较，构造出各层评价指标之间的两两比较判断矩阵；

②根据判断矩阵，计算各评价指标权重，在各自层次内单排序；

③对各层次判断矩阵定向归一化处理，得到各层次评价指标针对目标层的相对权重，并检验判断矩阵的一致性。

（3）第三步：运用理想点法构建综合评价模型。

①对评价参数进行规范处理（同趋势化处理、量纲归一化处理），得到归一化处理数据；

②运用层次分析法中得到的各评价指标的相对权重，构造轨道交通站域的环境特征函数；

③通过对样本站点站域空间环境特征的分析，构造正、负理想型环境特征参数；

④通过构造评价对象与理想点环境特征之间的相对贴切度函数，构建出目标类型轨道交通站点站域空间环境特征综合评价模型。

我国大城市中心城区轨道交通站域空间环境特征综合评价模型技术路线如图5-1 所示。

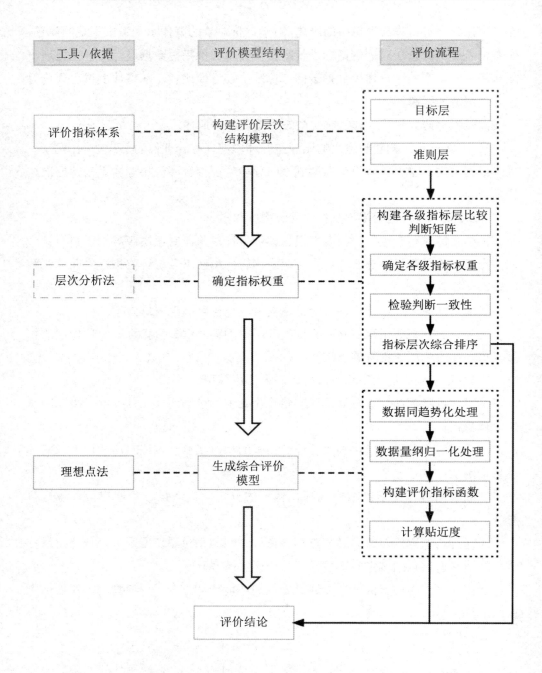

图 5-1 我国大城市中心城区轨道交通站域空间环境特征综合评价模型技术路线图

5.4　研究方案的实施

5.4.1　构建层次结构模型

通过第 4 章研究分析，建立的轨道交通站域空间环境特征综合评价指标体系如表 5-1 所示。

表 5-1　我国大城市中心城区轨道交通站域空间环境特征综合评价指标体系

目标层	准则层Ⅰ	准则层Ⅱ （第一指标层）	准则层Ⅲ （第二指标层）
我国大城市中心城区轨道交通站域空间环境特征评价 A	土地利用及分布 B1	居住空间土地利用及分布 C1	居住小区数量 D1
			居住空间面积 D2
		商业空间土地利用及分布 C2	商业空间面积 D3
			地上商业设施数量 D4
		公共服务设施空间土地利用及分布 C3	公共服务设施数量 D5
			公共服务设施空间面积 D6
		公共开放空间土地利用及分布 C4	公共开放空间面积 D7
	功能构成 B2	居住空间功能构成 C5	"单位大院"类小区数量 D8
			"自筹资金建房"类小区数量 D9
			"经济型住房"类小区数量 D10
			"商品房"类小区数量 D11
		商业空间功能构成 C6	业态数量 D12
			零售业业态数量 D13
			餐饮业业态数量 D14
			住宿业业态数量 D15
			娱乐业业态数量 D16
		公共服务设施空间功能构成 C7	教育类设施数量 D17
			医疗类设施数量 D18

续表

目标层	准则层 I	准则层 II （第一指标层）	准则层 III （第二指标层）
我国大城市中心城区轨道交通站域空间环境特征评价 A	功能构成 B2	公共服务设施空间功能构成 C7	办公类设施数量 D19
		公共开放空间功能构成 C8	绿地公园数量 D20
	交通条件 B3	内部交通条件 C9	过大规模封闭地块数量 D21
			慢行路径数量 D22
			道路交叉口数量 D23
			轨道交通站点出入口种类 D24
			轨道交通站点出入口数量 D25
			站点范围内公交站点数量 D26
			站点范围内公交线路数量 D27
		对外交通条件 C10	站域范围内公交站点数量 D28
			站域范围内公交线路数量 D29

根据表 5-1 轨道交通站域空间环境特征综合评价指标体系，可得到层次结构模型由 1 个目标层、3 个准则层组成。

5.4.2 层次分析法计算指标权重

5.4.2.1 构建各级指标层比较判断矩阵

按照层次分析的基本原理，根据问题的性质和要达到的总目标，将问题分解为不同的组成因素，并按照因素间的相互关联影响以及隶属关系将因素按不同层次聚集组合，形成一个多层次的分析结构模型，从而最终使问题归结为最底层（供决策的方案、措施等）相对于最高层（总目标）的相对重要权值的确定或相对优劣次序的排定。可通过选取专家、规划设计人员、居民通过调查问卷对各因素的重要性打分（调查问卷见附录 H），对各因素的分值进行两两比较，根据各层次准则层中环境特征评价指标之间重要性的对比关系，构造出各层次环境特征评价指标的两两比较判断矩阵，开展层次单排序并且检验判断矩阵的一致性。

本章对我国大城市中心城区轨道交通站域空间环境特征的综合评价是选取了15 个专家作为问卷调查对象，专家根据自身参与项目的经验和资料判断矩阵尺度，如表 5-2 所示。

表 5-2　层次分析判断矩阵尺度及定义表

判断尺度	定义
1	表示 i 指标与 j 指标一样重要
3	表示 i 指标比 j 指标稍微重要
5	表示 i 指标比 j 指标重要
7	表示 i 指标比 j 指标明显重要
9	表示 i 指标比 j 指标绝对重要
2、4、6、8	i 指标与 j 指标重要性介于上述相邻两个尺度之间
倒数 $1/v$（v 为 $1\sim9$）	i 和 j 比较后判断 a_{ij}，则 j 和 i 比较后判断 $a_{ij} = 1/a_{ji}$

例如，在针对居住型轨道交通站点站域空间环境特征的综合评价 A 中，一级指标层中的轨道交通站域空间分布形态特征 B1 比轨道交通站域空间使用状态特征 B2 绝对重要，则 B12 = 9，而 B21 则就为 1/9。

根据判断尺度建立 n 阶判断矩阵：

$$A = \begin{pmatrix} a_{11} & \cdots & a_{1n} \\ \vdots & & \vdots \\ a_{m1} & \cdots & a_{mn} \end{pmatrix} = \left(a_{ij} \right)_{m \times n} \qquad (5\text{-}1)$$

式中，$a_{ij} > 0$，$a_{ij} = 1/a_{ji}$，$a_{ii}=1$。

5.4.2.2　确定指标权重值

如果准测层 I 包含了 m 个准则，那么将 A-B 的判断矩阵 $\overline{A}$ 针对各列进行归一化，形成正规化矩阵 $\{ \overline{a_{ij}} \}$，其中：

$$\overline{a_{ij}} = a_{ij} \sum_{i=1}^{m} a_{ij} \quad (j=1, 2, \cdots, m) \qquad (5\text{-}2)$$

针对正规化矩阵每行求和，可得：

$$W_i = a_{ij} \sum_{j=1}^{m} \overline{a_{ij}} \quad (i=1, 2, \cdots, m) \qquad (5\text{-}3)$$

归一化向量 $\boldsymbol{W}_i^{(2)} = \left(W_1, W_2, \cdots, W_m\right)^{\mathrm{T}}$ 有：

$$\boldsymbol{W}^{(1)} = \left(W_1^{(1)}, W_2^{(1)}, \cdots, W_m^{(1)}\right)^{\mathrm{T}} \tag{5-4}$$

以此类推，准则层Ⅱ针对准则层Ⅰ的相对权重值分别为

$$\boldsymbol{W}_i^{(2)} = \left(W_{1i}^{(1)}, W_{2i}^{(1)}, \cdots, W_{ti}^{(2)}, W_{ni}^{(2)}\right)^{\mathrm{T}} \tag{5-5}$$

式中，$i = 1$，2，$\cdots$，m；$t = 1$，2，$\cdots$，n；准则层 Bi 包含 n 个准则。

由式（5-5）可得到准则层Ⅱ针对目标层的相对权重为

$$\boldsymbol{W}^{(2)} = \left(W_1^{(1)}, W_2^{(1)}, \cdots, W_i^{(2)}, W_m^{(2)}\right)^{\mathrm{T}} \tag{5-6}$$

同理，可得到准则层Ⅲ针对准则层Ⅰ的相对权重值分别为

$$\boldsymbol{W}_i^{(3)} = \left(W_{1i}^{(3)}, W_{2i}^{(3)}, \cdots, W_i^{(3)}, W_{pi}^{(3)}\right)^{\mathrm{T}} \tag{5-7}$$

准则层Ⅲ针对目标层的相对权重为

$$\boldsymbol{W}^{(3)} = \left(W_1^{(3)}, W_2^{(3)}, \cdots, W_i^{(3)}, W_m^{(3)}\right)^{\mathrm{T}} \tag{5-8}$$

5.4.2.3　检验判断矩阵的一致性

判断矩阵的一致性指标如下：

$$\mathrm{C.R} = \mathrm{C.I} / \mathrm{R.I}$$

式中，$\mathrm{C.I} = (\lambda - n)/(n - 1)$；R.I 属于随机一致性指标。

C.R 值如表 5-3 所示。若 $\mathrm{C.R} \leqslant 0.1$，则认定判断矩阵符合一致性；反之，则需建立新的判断矩阵重新计算。

表 5-3　随机性指标 C.R 值表

n	1	2	3	4	5	6	7	8	9	10
C.R	0.00	0.00	0.58	0.90	1.12	1.23	1.33	1.40	1.45	1.50

5.4.2.4　层次综合排序

准则层Ⅱ针对目标层的排序：

$$\boldsymbol{W}^{(0)} = \boldsymbol{W}^{(2)} \boldsymbol{W}^{(1)} = \left(W_0^{(0)}, W_1^{(0)}, \cdots, W_n^{(0)}\right) \tag{5-9}$$

准则层Ⅲ针对目标层的排序即为层次综合排序。层次综合排序的权重为

$$\boldsymbol{W}^{(0)} = \boldsymbol{W}^{(3)} \boldsymbol{W}^{(2)} \boldsymbol{W}^{(1)} = \left(W_0^{(0)}, W_1^{(0)}, \cdots, W_n^{(0)}\right) \tag{5-10}$$

在轨道交通站域空间环境特征评价模型中，准则层Ⅲ针对目标层的层次综合排序作为理想点法评价的权重系数。

5.4.3　综合评价模型的生成

5.4.3.1　数据的规范化处理

各评价指标的统计方法和量纲都不一致，无法进行合理比较，为使其比较方便，须将评价指标数置于同一标准中，将评价指标的基础数据进行规范化处理，公式如下：

$$Y_{ij} = \left(x_{ij} - x_j^{\min}\right)/\left(x_j^{\max} - x_j^{\min}\right) \times 100 \tag{5-11}$$

式中，Y_{ij} 是规范化处理后的第 i 个指标中的第 j 个数据。

5.4.3.2　构造轨道交通站域环境特征综合评价指标函数

利用综合权重系数，规范化处理基础数据后，得到站域环境综合评价指标函数：

$$Z = \left(z_{ij}\right) p x_n \tag{5-12}$$

式中，$z_{ij} = W_j y_{ij}$（$j = 1, 2, \cdots, n$），其中 W_j 为 5.4.2.4 小节所确定的权重。

5.4.3.3　找出轨道交通站域正、负理想型环境特征

从函数式（5-9）的解空间中，遴选出正理想解和负理想解，作为正、负理想站域空间环境特征。

$$V^+ = \{(\max_i z_{ij} l_j \in J_1), (\min_i z_{ij} l_j \in J_2)\} \tag{5-13}$$

$$V^- = \{(\min_i z_{ij} l_j \in J_1), (\max_i z_{ij} l_j \in J_2)\} \tag{5-14}$$

式中，$i = 1, 2, \cdots, p$；$j = 1, 2, \cdots, n$；其中 J_1 属于效益型指标，J_2 属于成本型指标。

5.4.3.4　计算目标站点站域空间环境特征与正、负理想型环境特征间的距离

$$D_i^+ = \sqrt{\sum_{j=1}^n \left(z_{ij} - V^+\right)^2}, i = 1, 2, \cdots, p \tag{5-15}$$

$$D_i^- = \sqrt{\sum_{j=1}^n \left(z_{ij} - V^-\right)^2}, i = 1, 2, \cdots, p \tag{5-16}$$

5.4.3.5　构造相对贴切度函数综合评价模型

评价对象与正、负理想型环境特征的相对贴近度即为评价模型，公式为

$$\eta_i = D_i^- / \left(D_i^+ + D_i^-\right) \tag{5-17}$$

η_i 值体现了轨道交通站域空间环境特征优劣，值越接近于 1，则站域环境特

征越优；值越接近于 0，则这个站点的站域环境特征越差（$0 \leqslant \eta \leqslant 1$）。

5.5 评价模型的应用

5.5.1 应用范围

站域空间环境特征反映了各类站域空间的分布形态和使用状态，体现了站域的空间分布形态和功能结构组成。

层次分析－理想点法轨道交通站域空间环境特征综合评价模型的基本原理为：轨道交通站域空间环境特征具有分异性，对于不同的站点类型来说，站域各类城市空间的分布形态和使用状态都不相同，因而在站域空间环境特征的综合评价中占的比重也不同，层次分析－理想点法首先根据专家经验对站域空间环境各层级评价指标进行两两对比评价，然后用层级分析法计算得到各评价指标在站域空间环境评价中所占的权重。再经过调研或资料查询，得到评价对象站点的各项空间环境特征评价指标参数，依据层级分析法中得到的各指标权重，基于对大量评价对象站点评价指标参数的科学计算，构造出站域空间环境特征综合评价函数，找出正、负理想型站域空间环境特征，并用对象站点的站域空间环境特征与理性型的贴近度来对对象站点进行评价，与理想型越贴近，则站域空间环境特征越优，反之则劣。

因此，本模型可用在以下几个方面。

5.5.1.1 制定站域空间环境特征标准

对于城市中不同类型的站点来说，科学地综合评价各类型站点站域空间环境特征能协助专家判断不同类型站点之间空间环境特征的分异性，制定各不同类型站点的理想型空间环境特征标准。

当前我国各城市对轨道交通站域空间进行优化时，没有参考标准，不能判断是否需要优化；进行站点分类时，分类标准不清晰，常存在不能确定站点应该划归到哪种类型。科学地综合评价各类型站点站域空间环境特征，则能绘制出各类型站点的环境特征图谱，从空间环境特征的角度来分析不同类型站点站域环境特征的分异性，为制定各不同类型站点站域空间环境特征标准提供理论参考。

5.5.1.2 定位站点类型

对于不确定站点类型属性的站点来说，特别是新建站点，科学地综合评价站域空间环境特征属性能协助专家确定站点应优先划分为哪种类型。

如天津市王顶堤站，从站域土地利用来说，居住空间占了较大比例，该站适合定位成居住型站点，而从站点区位来说，其又占据区域中心的位置，适合定位成综合型站点，那么王顶堤站站域空间整体环境特征如何？与哪种类型的站点环境特征最为接近？科学地综合评价其站域空间环境特征与各不同类型站点理想型站域空间环境特征的距离大小，则能从空间环境特征的角度判断王顶堤站适合优先定位成哪种类型的站点。

5.5.1.3　评价站域空间环境的优劣

对于已知站点属性类型的站点来说，科学地综合评价其站域空间环境特征能协助专家抉择站域空间是否需要优化。

如天津市翠阜新村站，从站点城市定位来说，该站属于居住型，从居住空间环境特征来看，居住环境特征较为理想，而商业空间环境特征则不太理想，慢行空间环境特征处于中等水平，那么翠阜新村站域空间整体环境特征水平如何？是否需要优化？科学地综合评价翠阜新村站域空间环境特征质量水平与居住型站点站域理想型空间环境特征水平之间的差距，则能从空间环境特征的角度来判断翠阜新村站站域空间环境是否需要优化。

5.5.1.4　制定站域空间优化策略

对于已经确定需要优化站域空间环境的站点来说，科学地综合评价各层级站域空间环境特征能协助专家判断应优先从哪些方面来优化哪类站域空间，是本评价模型生成的又一目标。

如天津市卞兴路站，站点类型定位为居住型，且已经确定其站域空间环境特征质量水平与理想型居住站点环境特征质量水平之间尚有差距，站域空间环境需要优化，那么卞兴路站应优先优化哪类空间？是居住空间还是商业空间？是居住空间的话，应优化哪类环境特征参数？是空间规模大小还是空间内部环境？科学地综合评价其站域各层级空间环境特征与居住型站点站域各层级理想型空间环境间环境特征水平的差距，则能从空间环境特征的角度来判断卞兴路站应该优先从哪些方面来优化哪类站域空间。

5.5.1.5　预测站域空间环境发展的趋势

对于城市中同一类型的轨道交通站点来说，科学地综合评价轨道交通站点不同年份的站域空间环境特征，找出理想型站域空间环境特征变化规律，能协助专家预测轨道交通站域空间的变化趋势，做好开发策略的应对。

"互联网+"时代的到来，城市空间结构变得扁平化，共享单车扩大了居民的慢行出行距离，打通了城市出行的"最后一公里"，与轨道交通完美契合，新时期轨道交通站域空间环境变化趋势如何？城市规划和城市更新策略该怎样应对？科学地综合评价轨道交通站域空间环境特征，绘制出不同年份的理想型站域空间环境特征图谱，则能从空间环境特征的角度来预测其站域空间环境发展趋势。

5.5.2 应用流程

模型评价为轨道交通站域空间开发提供了参考依据，但是轨道交通站域开发受多方面因素的制约，应遵循定性分析、模型评价相结合的原则。本模型在轨道交通站域开发中的应用流程分别如下所述。

5.5.2.1 制定站域空间环境特征标准

第一步，对大量不同类型站点的环境特征参数进行统计。

第二步，分别构建不同类型站点基于层次分析-理想点法的站域空间环境特征综合评价模型，计算得出各类型站点理想型站域空间环境特征。

第三步，由专家对各类型站点理想型站域空间环境特征各项评价指标参数进行分析，绘制其环境特征评价指标参数图谱，比较其分异性。

第四步，由专家根据实际经验，对各类型的理想型站域空间环境评价参数进行修正。

第五步，由专家根据修正后的理性型站域空间环境特征分析各类站点的环境特征参数的分异性，并制定站域空间环境标准。规定与理想型站域空间环境特征之间的贴近度为城市各类型站点站域空间环境特征的标准，达到这个标准则说明空间环境特征优良，不需要优化；反之，则需要对站域空间进行优化。

5.5.2.2 定位站点类型

对于不确定站点属性的轨道交通点，本评价模型可协助专家定位其站点属性。具体方法如下。

首先，获取对象站点站域空间各项评价指标参数。

其次，分别用不同类型站点的评价模型对其评价。评价贴切度越高，则说明其站域空间环境特征与该类型站点的站域空间环境特征最为贴近。

最后，由专家根据实际情况对站点进行类型定位。

如天津市王顶堤站，可分别用居住型和综合型站点的评价模型对其站域空间进行评价，哪种模型对应的评价更高，则说明王顶堤站站域空间环境特征与其更贴近，可优先定位为该类型的站点。

5.5.2.3　评价站域空间环境优劣

对于不确定需不需要优化的轨道交通站点来说，本评价模型可以协助专家评价其站域空间环境优劣。具体方法如下。

首先，获取对象站点站域空间各项评价指标参数。

其次，用该类型站点的评价模型对其评价，并与城市标准对比。

最后，由专家根据实际情况评价站域空间是否需要优化。

如天津市翠阜新村站，可通过调研或资料查询获取其站域空间各项评价指标参数，然后用居住型站点对其进行评价，得到贴近度为 0.75，而城市标准是 0.80，则说明其站域空间需要优化。

5.5.2.4　制定站域空间优化策略

对于已经确定需要空间优化的站点来说，本评价模型可以协助专家制定优化策略，具体方法如下。

首先，获取获取对象站点站域空间各项评价指标参数。

其次，用该类型站点的评价模型对其评价，分析评价指标各项参数，参照层级层析法得出的权重，评价应优先优化哪些参数。

最后，由专家根据实际情况制定站域空间优化策略。

如天津市卞兴路站，站点类型为居住型，确定其站域空间需要优化，可用居住型站点的评价模型对其站域空间进行评价，然后分别对比每项评价指标参数与理想型的差距，结合层次分析法得出的各项指标参数对其环境特征影响的权重，哪种指标参数评价低，且权重大，则应优先优化。如结果显示居住空间居住规模层级特征的贴近度低，而其占的权重也比较大，则应优先优化，可以从规模形态方面来对其站域空间进行优化，例如，变封闭小区为开放小区，增强小区与城市空间的融合度。

5.5.2.5　预测站域空间环境发展的趋势

对于新时期下的站域空间环境发展趋势，可利用本评价模型通过以下方法来进行预测。

首先，获取历年来的理想型站域空间环境特征各项评价指标参数。

其次，对历年的理想型站域空间环境各项评价指标参数进行分析，绘制其时间轴变化图谱。

最后，预测其站域空间环境发展趋势。

5.6　本章小结

本章是对轨道交通站域空间环境特征综合评价理论模型的研究，主要工作有以下几个方面。

（1）本章选择了综合评价方法。针对评价目标，选择了层次分析法和理想点法作为评价方法，确定了尊重专家意见的同时，又科学分析轨道交通站域环境特征的各项评价指标的思路。

（2）本章构建了基于层次分析－理想点法的轨道交通站域空间环境特征评价模型。该模型首先采用层次分析法，听取专家意见分配各个评价指标相对应的权重值；然后，根据层级分析法分配的各指标项对应的权重值，利用理想点法对样本站点进行综合评价。

（3）本章给出了评价模型的应用范围和具体应用流程。评价模型为轨道交通站域空间开发提供了参考依据，但是轨道交通站域开发受多方面因素的制约，应遵循定性分析、模型评价相结合的原则。

参 考 文 献

[1] 刘润深. 轨道交通车站站域城市设计之空间布局与交通组织研究 [D]. 泉州：华侨大学，2017.

[2] 盛来芳. 基于时空视角的轨道交通与城市空间耦合发展研究 [D]. 北京：北京交通大学，2012.

[3] 乐贵平，张晖. 加快轨道交通建设的进一步思考 [J]. 铁路工程造价管理，2010，25(1): 28-31

[4] CALTHORPE P. The Next American Metropolis: Ecology，Community，and the American Dream[M]. New York: Princeton Architectural Press，1993.

[5] 胡映东，陶帅. 美国 TOD 模式的演变、分类与启示 [J]. 城市交通，2018，16(4): 34-42.

[6] JAMME H T，RODRIGUEZ J，BAHL D，et al. A Twenty-Five-Year Biography of the TOD Concept: From Design to Policy，Planning，and Implementation[J]. Journal of Planning Education and Research，2019，39(4): 409-428.

[7] 陆化普. 导读：日本式 TOD 及东京的启示 [J]. 城市交通，2017，15(1): 5-6.

[8] 戴林琳，吕晋美，冉娜·哈孜汉. 新加坡国土空间用途管制及其启示 [J]. 中国国土资源经济，2021，34(3): 25-31.

[9] 曾刚，王琛. 巴黎地区的发展与规划 [J]. 国外城市规划，2004，19(5): 44-49.

[10] CERVERO R，MURPHY S，FE RRELL C，et al. Transit-Oriented Development in the United States: Experiences，Challenges，and Prospects [J]. Urban Planning Overseas，2005，8(1): 1-7.

[11] JOHN P，JOHN L R. Rural Mobility and Mode Choice: Evidence from the 2001 National Household Travel Survey[J]. Transportation，2005，32(2): 165-186.

[12] 孔令琦. 城市交通导向型发展（TOD）及其成效评价研究 [D]. 西安：长安大学，2013.

[13]DING C，WANG Y W，XIE B L. Evaluation Index System on Relationship between Urban Mass Rail Transit and its Surrounding Land Use Based on TOD Mode[J]. Advanced Engineering Forum，2012，1946: 123-127.

[14]HAN F，XIAO G P. A Study of Transport-Oriented Development (TOD) Based on the Frequency Scale-Fuzzy Comprehensive Evaluation Method[J]. Applied Mechanics and Materials，2013，2279: 2899-2904.

[15]BERAWI M A，SAROJI G，ISKANDAR F A，et al. Optimizing Land Use Allocation of Transit-Oriented Development (TOD) to Generate Maximum Ridership[J].Sustainability，2020，12(9): 3798.

[16] 袁红，何媛，姚强 . 立体 TOD 城市设计模式探究及数字化研究展望：以城市轨道中心型站点为例 [J]. 南方建筑，2021(1): 42-49.

[17] 姚敏峰，杨天瑞，杨成颢，等 . 轨交站核心区超高强度开发建设模式及城市设计策略研究 [J]. 新建筑，2020(6): 27-31.

[18] 王俊冬 .TOD 模式下城市轨道交通次生环境影响综合评价指标体系与方法研究 [D]. 北京：北京交通大学，2011.

[19] 丁川 . TOD 模式下城市公交干线与土地利用的协调关系研究 [D]. 哈尔滨：哈尔滨工业大学，2011.

[20] 蒋海兵，商硕，张云峰 . 盐城市区商业空间结构问题与优化 [J]. 江苏教育学院学报（自然科学版），2007(3): 10-13.

[21]LUC NADAL，黎淑翎 . ITDP 发布《TOD 标准》指引宜居城市发展与可持续交通规划 [J]. 房地产导刊，2013(12): 55-57，54.

[22] 孙怀鹏 . 结合 TOD 理论的设计思路及方法探究 [D]. 呼和浩特：内蒙古农业大学，2014.

[23] 郑悦 . 基于 TOD 理论对我国住区规划设计方法的研究 [J]. 建筑与文化，2015(12): 146-147.

[24] 王有为 . 适于中国城市的 TOD 规划理论研究 [J]. 城市交通，2016，14(6): 40-48.

[25] 何冬华 . TOD 影响下的站点地区空间发展演进与土地利用形态重组 [J]. 规划师，2017，33(4):126-131.

[26] 牛韶斐 . 基于绿色 TOD 理念的轨道交通站域建成环境研究 [D]. 成都：西南

交通大学，2018.

[27] 华玥，程苏晶，朱渊，等 . B + TOD：轨道交通空间创新模式研究 [J]. 城市建筑，2018，15(30): 110-113.

[28] 夏正伟，张烨，徐磊青 . 轨道交通站点区域 TOD 效能的影响因素与优化策略 [J]. 规划师，2019，35(22): 5-12.

[29] 刘泉 . 城市层面 TOD 规划的结构形态解读 [J]. 上海城市规划，2019(6): 72-79.

[30] 吴夏安，徐磊青 . 利用 TOD 模式建设社区生活圈的可行性及关键指标分析 [J]. 城市建筑，2020，17(31): 28-33.

[31] 刘泉，钱征寒，黄虎，等 . 未来城市智慧 TOD 的发展趋势思考：兼议 TOD 化与去 TOD 化之争 [J]. 规划师，2020，36(22): 5-11.

[32] 王兆辰 . 基于 TOD 的北京轨道交通站点周边地区城市设计研究 [D]. 北京：清华大学，2010.

[33] 陈帅 . 城市地铁站点的公共空间研究：以长沙地铁站点为例 [D]. 长沙：长沙理工大学，2011.

[34] 王前骥 . 地铁站点周边地区城市设计研究：以武汉光谷广场站为例 [D]. 武汉：华中科技大学，2011.

[35] 张春艳，赵代圆，胡禹域，等 . TOD 模式影响下的轨道站点周边用地优化方法探索：以重庆市主城区部分轨道站点周边用地优化为例 [J]. 重庆建筑，2012，11(8): 19-21.

[36] 夏海山，钱霖霖 . 城市轨道交通综合体商业空间调查及使用后评价研究 [J]. 南方建筑，2013(2): 59-61.

[37] 董超 . TOD 模式下地铁站点地上商业空间规划设计研究：以北京地铁永定门外站为例 [D]. 西安：西安建筑科技大学，2014.

[38] 李虎 . 城市中心区轨道交通站点影响域步行系统空间效益研究 [D]. 重庆：重庆大学，2015.

[39] 王蔚 . 北京地铁出入口与周边空间衔接关系研究 [D]. 北京：北京交通大学，2016.

[40] 周垠，龙瀛 . 街道步行指数的大规模评价：方法改进及其成都应用 [J]. 上海城市规划，2017(1): 88-93.

[41] 李鹏，彭震伟．快速交通对大都市郊区居住空间发展的作用机制：基于时空经济属性视角的分析 [J]. 城市发展研究，2018，25(4): 69-77.

[42] 任雪婷．北京居住型轨道交通站点周边慢行空间研究 [D]. 北京：北京交通大学，2018.

[43] 刘宇鹏，宫同伟．基于开放数据的轨交站区商业网点空间布局：以天津市地铁 1 号线为例 [J]. 天津城建大学学报，2018，24(4): 239-246.

[44] 袁铭．上海核心城区轨道交通车站站域商业空间分布特征与影响因素分析 [J]. 城市轨道交通研究，2018，21(7): 1-4, 9.

[45] 申红田．触媒视角下大城市中心区轨道交通站域更新策略研究 [D]. 天津：天津大学，2019.

[46] 俞泳，卢济威．城市触媒与地铁车站综合开发 [J]. 时代建筑，1998(4): 53-56.

[47] 侯雪．基于 TOD 理念的轨道交通站点周边土地利用评价及优化模型 [D]. 北京：北京交通大学，2012.

[48] 林云．基于模糊综合评价的佛山 TOD 模式应用研究 [D]. 广州：华南理工大学，2012.

[49] 谢秉磊，丁川．TOD 下城市轨道交通与土地利用的协调关系评价 [J]. 交通运输系统工程与信息，2013，13(2): 9-13，41.

[50] 王宇宁，运迎霞．城市轨道交通站点周边商业环境特征与评价：以天津市为例 [J]. 地域研究与开发，2014(5): 72-76.

[51] 陆潮，胡守庚，童陆亿，等．新型城镇化背景下地铁站点综合服务能力评价：以武汉市地铁二号线为例 [J]. 地域研究与开发，2015，34(6): 63-68.

[52] 杨光．TOD 开发模式下的高铁站点周边地区土地利用研究 [D]. 成都：西南交通大学，2016.

[53] 王至言．TOD 模式下新城轨道交通站点周边土地利用评价研究 [D]. 北京：北京建筑大学，2017.

[54] 王江波，高明超，苟爱萍．公共中心型地铁站域地下空间综合开发水平评价方法研究：以大连为例 [J]. 现代城市研究，2017(6): 92-100.

[55] 杨文雪．基于 TOD 的宁波市城市轨道交通站点地区用地评价研究 [D]. 上海：上海师范大学，2021.

[56] 郝成，李静．北京、香港、纽约城市轨道交通投融资模式对比分析 [J]. 城市

轨道交通研究，2009，12(1): 15-20.

[57] 陈兴. 基于 TOD 理念的轨道站点周边地区城市设计 [J]. 中国住宅设施，2018(6): 8-10.

[58] 朱金凤. 轨道交通站点一体化城市设计研究：以上元大街站为例 [J]. 江苏城市规划，2019(2): 23-26，45.

[59] 赵芳兰，尹稚. 探索适应昆明轨道站点周边地区的城市设计原则和 TOD 模型 [J]. 华中建筑，2019，37(7): 10-12.

附　　录

附录 A　样本站点站域居住小区分布

站点	居住小区分布	小区名称
本溪路站	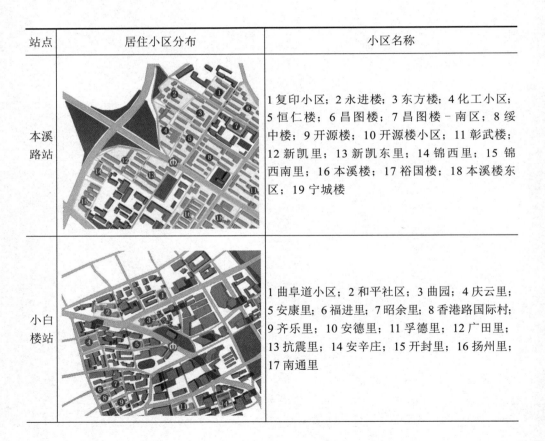	1 复印小区；2 永进楼；3 东方楼；4 化工小区；5 恒仁楼；6 昌图楼；7 昌图楼－南区；8 绥中楼；9 开源楼；10 开源楼小区；11 彰武楼；12 新凯里；13 新凯东里；14 锦西里；15 锦西南里；16 本溪楼；17 裕国楼；18 本溪楼东区；19 宁城楼
小白楼站		1 曲阜道小区；2 和平社区；3 曲园；4 庆云里；5 安康里；6 福进里；7 昭余里；8 香港路国际村；9 齐乐里；10 安德里；11 孚德里；12 广田里；13 抗震里；14 安辛庄；15 开封里；16 扬州里；17 南通里

续表

站点	居住小区分布	小区名称
土城站		1 科艺里；2 胜利楼；3 红光里；4 红星里；5 曙光里；6 红专公寓；7 红山里；8 红升里；9 红霞里；10 联合里；11 鑫瑞名苑；12 美泉新苑；13 汇文名邸；14 美澜园；15 美满里；16 美好公寓；17 美好东里；18 古海里；19 新城小区；20 红云里
咸阳路站		1 战备楼小区；2 新华楼小区；3 平遥里；4 拥军里；5 连心里；6 向阳路楼小区；7 云阳里；8 舒兴家园；9 灵石里；10 延川里；11 富平里；12 彩霞里；13 临平里；14 华阳里；15 海洋住宅小区；16 石泉里；17 雅云里；18 天泰花园小区；19 翰园里；20 翰园东里；21 凯盛家园；22 正阳里；23 瑞湾花园；24 怡美家园；25 平利里
长虹公园站		1 临渭佳园；2 水琳园；3 大通公寓；4 华美里；5 虹畔馨苑；6 太谷公寓；7 临潼西里；8 临潼东里；9 潼关里；10 闻喜里；11 向阳楼；12 建华里；13 红粉西里；14 红粉里；15 影院后胡同；16 水畔花园；17 平陆西里；18 平陆东里；19 华安北里；20 宜川北里；21 进步里；22 汾阳里；23 幸福北里；24 迎春里；25 幸福南里；26 昌源里；27 阳城里
翠阜新村站		1 临池里；2 翠韵里；3 世纪泰达国际公寓；4 翠郁里；5 翠荫里；6 星河花园；7 万东花园；8 九河国际村；9 上杭花园；10 顺达西里；11 月华里；12 顺达东里；13 雅丽园；14 顺达公寓；15 凤溪花园；16 倚营里；17 爱营里

续表

站点	居住小区分布	小区名称
卞兴路站		1 辉轩家园；2 赵苑西里；3 秋爽里；4 欣迁里；5 嘉江园；6 兆发家园；7 御河上城；8 运通花园
东南角站		1 煦园新居；2 新安花园；3 铜锣湾花园；4 仁恒海河广场；5 官邸3号；6 逢云里；7 新汇华庭；8 和香苑；9 同庆后大楼；10 天汇茗苑；11 天汇雅苑；12 裕德里
顺驰桥站		1 福旺花园；2 华亭里；3 华鹏里；4 华建里；5 华旭里；6 东盈园；7 东屏园；8 靶挡村路小区；9 平福里；10 金盾里；11 华昌南里；12 卫国道97号院；13 祥悦新居；14 新东方家园；15 中北里；16 韩林园；17 市政家属院西院；18 月泉公寓；19 水利家园；20 金色家园；21 红星路小区；22 天津市政家属院；23 常州里；24 红城柏丽花园；25 祁和新苑；26 滇池里
张兴庄站		1 富宜里；2 民宜里；3 今日家园；4 振宜里；5 滦宜里；6 宜白南里；7 盛怡园；8 宜清花园；9 谦兴里；10 民兴里；11 华富里；12 玉琢里；13 玉成里；14 翠涛里；15 翠涛东里；16 宜景园；17 宜兴南里

续表

站点	居住小区分布	小区名称
和平路站		1 极星里；2 庆欣里；3 大庆里；4 集翔里；5 华润紫阳里；6 恒和西里；7 鸿记里；8 尊德里；9 万善里；10 连壁里；11 光学新里；12 金宝公寓；13 信义里；14 三德里；15 宝华里；16 融御融景铭邸；17 容景华庭；18 增贤里；19 永和里；20 赤峰道小区；21 复新楼
西康路站		1 开发里；2 宜昌北里；3 和康名邸；4 昆营里；5 世家新苑；6 惠东北里；7 长发公寓；8 协安里；9 京海公寓；10 同康里；11 四达里；12 昆明公寓；13 三友里；14 鼎成公寓；15 万荣公寓；16 清华园；17 新宜里；18 辅恩里；19 东亚里；20 格普澜轩；21 三东里；22 惠嘉公寓；23 云汉里；24 正和公寓；25 文善里；26 贵阳公寓；27 复元里；28 天兴里；29 大生里；30 竞业里；31 信华里；32 树德里；33 迎新里；34 信华南里；35 新欣里；36 天新里；37 万科都市花园；38 建津里；39 银行里；40 气象西里
吴家窑站		1 同安新里；2 同安南里；3 睦和里；4 卫华里；5 兴河里；6 振河里；7 新兴里；8 新河里；9 中环公寓；10 朝阳里；11 新中里；12 犀地；13 新建村；14 沿河里；15 金泉里；16 君禧华庭；17 中海八里台；18 春光楼；19 建国里；20 水映兰庭；21 平山公寓；22 平山北里；23 气象里；24 佛山里；25 德才里；26 淼淼公寓；27 卫星里

续表

站点	居住小区分布	小区名称
津湾广场站		1 通余里；2 朝晖里；3 融景华庭；4 增贤里；5 赤峰道小区；6 吉林道 24 号楼；7 复新楼；8 承德道小区
王顶堤站		1 王顶堤故里；2 郁园里；3 南开大学住宅小区；4 金冠里；5 王顶堤堤北里；6 堤中里；7 金厦里；8 燕园里；9 迎水西里；10 久华里；11 鹤园北里；12 明园里；13 林苑北里；14 园荫北里；15 华巨公寓；16 园荫里

附录 B　样本站点站域居住小区建造年代

站点名称	小区名称	建造年代	站点名称	小区名称	建造年代
本溪路站	复印小区	1985	小白楼站	曲阜道小区	1980
	永进楼	1987		和平社区	1990
	东方楼	1983		曲园	2006
	化工小区	1991		庆云里	1932
	恒仁楼	1991		安康里	1990
	昌图楼	1986		福进里	1970
	昌图楼－南区	1986		昭余里	1932
	绥中楼	1985		香港路国际村	1999
	开源楼	1986		齐乐里	1990
	开源楼小区	1986		安德里	1982
	彰武楼	1980		孚德里	1986
	新凯里	1993		广田里	1994
	新凯东里	2000		抗震里	1976
	锦西里	1995		安辛庄	1980
	锦西南里	1995		开封里	1996
	本溪楼	1983		扬州里	1988
	裕国楼	1992		南通里	1984
	本溪楼东区	1983	咸阳路站	战备楼小区	1974
	宁城楼	1986		新华楼小区	1983
土城站	科艺里	1998		平遥里	1994
	胜利楼	1995		拥军里	1998
	红光里	1982		连心里	1997

续表

站点名称	小区名称	建造年代	站点名称	小区名称	建造年代
土城站	红星里	1984	咸阳路站	向阳路楼小区	1994
	曙光里	1986		云阳里	1990
	红专公寓	1998		舒兴家园	2004
	红山里	1999		灵石里	1995
	红升里	1986		延川里	1997
	红霞里	1988		富平里	1990
	联合里	1991		彩霞里	1987
	鑫瑞名苑	2007		临平里	1992
	美泉新苑	1998		华阳里	1997
	汇文名邸	2003		海洋住宅小区	1999
	美澜园	2002		石泉里	1992
	美满里	1993		雅云里	1995
	美好公寓	1993		天泰花园小区	2000
	美好东里	1997		翰园里	1982
	古海里	1998		翰园东里	1989
	新城小区	1997		凯盛家园	2006
	红云里	1988		正阳里	2000
长虹公园	临渭佳园	2009		瑞湾花园	2006
	水琳园	2003		怡美家园	2013
	大通公寓	2004		平利里	1999
	华美里	1990		临池里	1987
	虹畔馨苑	2005		翠韵里	1996
	太谷公寓	1998	翠阜新村站	世纪泰达国际公寓	2009
	临潼西里	1999		翠郁里	2001
	临潼东里	1975		翠荫里	2001

续表

站点名称	小区名称	建造年代	站点名称	小区名称	建造年代
长虹公园	潼关里	1999	翠阜新村站	星河花园	2004
	闻喜里	1985		万东花园	2009
	向阳楼	1999		九河国际村	1999
	建华里	1980		上杭花园	1999
	红粉西里	1962		顺达西里	1994
	红粉里	1962		月华里	1992
	影院后胡同	2000		顺达东里	1990
	水畔花园	2012		雅丽园	2013
	平陆西里	1990		顺达公寓	2001
	平陆东里	1990		凤溪花园	2006
	华安北里	1997		倚营里	1995
	宜川北里	1985		爱营里	1996
	进步里	1981	卞兴路站	辉轩家园	2008
	汾阳里	1995		赵苑西里	1990
	幸福北里	1995		秋爽里	1995
	迎春里	1995		欣迁里	2000
	幸福南里	1995		嘉汇园	2001
	昌源里	1985		兆发家园	2001
	阳城里	1985		御河上城	2014
东南角站	煦园新居	2007		运通花园	2012
	新安花园	1996	张兴庄站	富宜里	1988
	铜锣湾花园	2004		民宜里	1990
	仁恒海河广场	2012		今日家园	2000
	官邸3号	2011		振宜里	1990
	逢云里	1998		滦宜里	1985

续表

站点名称	小区名称	建造年代	站点名称	小区名称	建造年代
东南角站	新汇华庭	2013	张兴庄站	宜白南里	1990
	和香苑	2013		盛怡园	1995
	同庆后大楼	1985		宜清花园	2005
	天汇茗苑	2013		谦兴里	1983
	天汇雅苑	2013		民兴里	1982
	裕德里	1985		华富里	1982
顺驰桥站	福旺花园	2001		玉琢里	1999
	华亭里	1997		玉成里	1999
	华鹏里	1996		翠涛里	1999
	华建里	1990		翠涛东里	1999
	华旭里	1996		宜景园	1995
	东盈园	2000		宜兴南里	1999
	东屏园	2003	和平路站	极星里	1970
	靶挡村路小区	1990		庆欣里	1990
	平福里	1997		大庆里	1988
	金盾里	1995		集翔里	1987
	华昌南里	1994		华润紫阳里	2015
	卫国道97号院	1987		恒和西里	1930
	祥悦新居	2008		鸿记里	1987
	新东方家园	2005		尊德里	1940
	中北里	1989		万善里	1940
	韩林园	2003		连壁里	1950
	市政家属院西院	1996		光学新里	1978
	月泉公寓	2001		金宝公寓	1997
	水利家园	1998		信义里	1990

续表

站点名称	小区名称	建造年代	站点名称	小区名称	建造年代
顺驰桥站	金色家园	2003	和平路站	三德里	1994
	红星路小区	1992		宝华里	1950
	天津市政家属院	1996		融御融景铭邸	2015
	常州里	1978		容景华庭	2015
	红城柏丽花园	2011		增贤里	1950
	祁和新苑	1999		永和里	1979
	滇池里	1988		赤峰道小区	1985
吴家窑站	同安新里	1982		复新楼	1988
	同安南里	1995	西康路站	开发里	2000
	睦和里	1985		宜昌北里	1985
	卫华里	1976		和康名邸	2012
	兴河里	1985		昆营里	1984
	振河里	1985		世家新苑	2000
	新兴里	1980		惠东北里	1984
	新河里	1978		长发公寓	1996
	中环公寓	1999		协安里	1996
	朝阳里	1980		京海公寓	1998
	新中里	1980		同康里	1996
	犀地	2011		四达里	1980
	新建村	1997		昆明公寓	2001
	沿河里	1989		三友里	1990
	金泉里	1987		鼎成公寓	2000
	君禧华庭	2015		万荣公寓	2000
	中海八里台	2015		清华园	2002
	春光楼	1988		新宜里	1970

续表

站点名称	小区名称	建造年代	站点名称	小区名称	建造年代
吴家窑站	建国里	1987	西康路站	辅恩里	1986
	水映兰庭	2006		东亚里	1982
	平山公寓	1980		格普澜轩	1996
	平山北里	1980		三乐里	1998
	气象里	1984		惠嘉公寓	1998
	佛山里	1985		云汉里	1978
	德才里	1970		正和公寓	1998
	淼淼公寓	2000		文善里	1979
	卫星里	1985		贵阳公寓	2001
津湾广场站	通余里	2001		复元里	1980
	朝晖里	2000		天兴里	1978
	融景华庭	2015		大生里	1997
	增贤里	1950		竞业里	1983
	赤峰道小区	1985		信华里	1982
	吉林道24号楼	1979		树德里	1988
	复新楼	1988		迎新里	1990
	承德道小区	1993		信华南里	1985
王顶堤站	王顶堤故里	1983		新欣里	1984
	郁园里	1996		天新里	1985
	南开大学住宅小区	1983		万科都市花园	1990
	金冠里	1998		建津里	1997
	王顶堤堤北里	1997		银行里	1997
	堤中里	1997		气象西里	1981
	金厦里	1995	王顶堤站	迎水西里	1984
	燕园里	1997		久华里	2002

续表

站点名称	小区名称	建造年代	站点名称	小区名称	建造年代
王顶堤站	鹤园北里	1990	王顶堤站	园荫北里	1986
	明园里	1996		华巨公寓	1997
	林苑北里	1986		园荫里	1998

附录 C　样本站点站域居住小区规模统计

站点名称	小区名称	规模 /hm²	站点名称	小区名称	规模 /hm²
本溪路站	复印小区	1.35	土城站	科艺里	1.67
	永进楼	1.91		胜利楼	1.19
	东方楼	1.99		红光里	3.12
	化工小区	1.84		红星里	6.47
	恒仁楼	1.97		曙光里	3.22
	昌图楼	2.77		红专公寓	3.35
	昌图楼 - 南区	0.40		红山里	1.24
	绥中楼	3.45		红升里	4.19
	开源楼	1.48		红霞里	0.93
	开源楼小区	2.38		联合里	2.1
	彰武楼	4.41		鑫瑞名苑	1.07
	新凯里	2.42		美泉新苑	1.49
	新凯东里	2.14		汇文名邸	2.92
	锦西里	0.86		美澜园	1.98
	锦西南里	1.52		美满里	1.75
	本溪楼	4.73		美好公寓	2.13
	裕国楼	0.65		美好东里	1.27
	本溪楼东区	3.81		古海里	1.61
	宁城楼	2.54		新城小区	6.60
小白楼站	曲阜道小区	0.44		红云里	1.42
	和平社区	1.21	咸阳路站	战备楼小区	0.92
	曲园	1.03		新华楼小区	1.31
	庆云里	0.89		平遥里	1.52

续表

站点名称	小区名称	规模/hm²	站点名称	小区名称	规模/hm²
小白楼站	安康里	0.38	咸阳路站	拥军里	1.66
	福进里	0.33		连心里	1.27
	昭余里	0.36		向阳路楼小区	2.23
	香港路国际村	3.63		云阳里	0.83
	齐乐里	0.41		舒兴家园	0.57
	安德里	1.13		灵石里	1.02
	孚德里	0.91		延川里	0.81
	广田里	0.93		富平里	1.59
	抗震里	0.43		彩霞里	1.26
	安辛庄	0.88		临平里	1.00
	开封里	0.45		华阳里	1.01
	扬州里	0.49		海洋住宅小区	2.37
	南通里	1.15		石泉里	1.76
长虹公园	临渭佳园	2.39		雅云里	1.26
	水琳园	1.95		天泰花园小区	1.64
	大通公寓	0.31		翰园里	0.58
	华美里	1.65		翰园东里	3.21
	虹畔馨苑	2.82		凯盛家园	1.73
	太谷公寓	2.60		正阳里	1.46
	临潼西里	1.61		瑞湾花园	2.54
	临潼东里	2.57		怡美家园	1.21
	潼关里	0.60		平利里	0.76
	闻喜里	1.43	卞兴路站	辉轩家园	3.98
	向阳楼	0.43		赵苑西里	3.25
	建华里	1.54		秋爽里	3.62

续表

站点名称	小区名称	规模 /hm²	站点名称	小区名称	规模 /hm²
长虹公园	红粉西里	0.99	卞兴路站	欣迁里	1.56
	红粉里	0.52		嘉汇园	6.00
	影院后胡同	0.64		兆发家园	2.94
	水畔花园	2.09		御河上城	0.72
	平陆西里	1.36		运通花园	10.31
	平陆东里	0.84	东南角站	煦园新居	2.43
	华安北里	0.87		新安花园	1.18
	宜川北里	1.77		铜锣湾花园	1.92
	进步里	0.80		仁恒海河广场	6.73
	汾阳里	0.91		官邸 3 号	1.52
	幸福北里	1.37		逢云里	0.35
	迎春里	1.00		新汇华庭	3.68
	幸福南里	0.75		和香苑	1.83
	昌源里	1.23		同庆后大楼	0.82
	阳城里	0.82		天汇茗苑	1.24
翠阜新村站	临池里	5.60		天汇雅苑	1.84
	翠韵里	3.51		裕德里	1.76
	世纪泰达国际公寓	0.81	顺驰桥站	福旺花园	1.47
	翠郁里	2.62		华亭里	1.22
	翠荫里	1.67		华鹏里	0.47
	星河花园	4.38		华建里	1.49
	万东花园	4.26		华旭里	1.34
	九河国际村	0.75		东盈园	1.51
	上杭花园	1.02		东屏园	2.57
	顺达西里	1.76		靶挡村路小区	1.58

续表

站点名称	小区名称	规模 /hm²	站点名称	小区名称	规模 /hm²
翠阜新村站	月华里	0.69	顺驰桥站	平福里	0.50
	顺达东里	0.81		金盾里	2.03
	雅丽园	1.70		华昌南里	2.02
	顺达公寓	0.36		卫国道 97 号院	1.18
	凤溪花园	2.73		祥悦新居	0.65
	倚营里	6.95		新东方家园	0.96
	爱营里	1.61		中北里	2.19
张兴庄站	富宜里	2.23		韩林园	0.33
	民宜里	3.56		市政家属院西院	3.47
	今日家园	2.93		月泉公寓	0.33
	振宜里	1.76		水利家园	0.68
	滦宜里	0.90		金色家园	4.76
	宜白南里	2.08		红星路小区	0.55
	盛怡园	1.50		天津市政家属院	1.10
	宜清花园	4.36		常州里	2.58
	谦兴里	1.11		红城柏丽花园	6.64
	民兴里	4.23		祁和新苑	1.24
	华富里	2.05		滇池里	1.01
	玉琢里	1.25	西康路站	开发里	1.16
	玉成里	1.08		宜昌北里	3.75
	翠涛里	1.79		和康名邸	0.58
	翠涛东里	2.43		昆营里	1.25
	宜景园	4.33		世家新苑	0.52
	宜兴南里	1.82		惠东北里	1.07
和平路站	极星里	0.43		长发公寓	0.28

续表

站点名称	小区名称	规模 /hm²	站点名称	小区名称	规模 /hm²
和平路站	庆欣里	0.11	西康路站	协安里	0.41
	大庆里	0.21		京海公寓	0.34
	集翔里	0.64		同康里	0.21
	华润紫阳里	0.75		四达里	1.26
	恒和西里	0.11		昆明公寓	0.83
	鸿记里	0.19		三友里	1.03
	尊德里	0.08		鼎成公寓	0.47
	万善里	0.28		万荣公寓	0.28
	连壁里	0.29		清华园	1.61
	光学新里	0.18		新宜里	0.38
	金宝公寓	0.26		辅恩里	0.76
	信义里	0.15		东亚里	0.45
	三德里	1.05		格普澜轩	0.75
	宝华里	0.67		三乐里	0.39
	融御融景铭邸	0.17		惠嘉公寓	0.22
	容景华庭	0.89		云汉里	0.40
	增贤里	0.61		正和公寓	0.26
吴家窑站	同安新里	2.48		文善里	1.09
	同安南里	1.53		贵阳公寓	0.11
	睦和里	0.47		复元里	1.63
	卫华里	3.07		天兴里	2.54
	兴河里	2.39		大生里	2.86
	振河里	3.09		竞业里	3.35
	新兴里	1.84		信华里	2.11
	新河里	2.38		树德里	2.34

续表

站点名称	小区名称	规模 /hm²	站点名称	小区名称	规模 /hm²
吴家窑站	中环公寓	2.10	西康路站	迎新里	2.11
	朝阳里	1.19		信华南里	0.70
	新中里	0.38		新欣里	1.54
	犀地	4.31		天新里	1.43
	新建村	0.20		万科都市花园	0.66
	沿河里	1.15		建津里	2.07
	金泉里	1.18		银行里	1.63
	君禧华庭	1.28		气象西里	1.33
	中海八里台	4.97	王顶堤站	王顶堤故里	4.30
	春光楼	1.87		郁园里	0.88
	建国里	2.02		南开大学住宅小区	1.98
	水映兰庭	0.61		金冠里	2.90
	平山公寓	0.20		王顶堤堤北里	7.32
	平山北里	1.23		堤中里	1.96
	气象里	1.69		金厦里	1.98
	佛山里	1.24		燕园里	0.89
	德才里	4.30		迎水西里	1.81
	淼淼公寓	2.40		久华里	8.85
	卫星里	5.57		鹤园北里	2.18
津湾广场站	通余里	0.37		明园里	0.93
	朝晖里	0.69		林苑北里	7.38
	融景华庭	0.89		园荫北里	4.64
	增贤里	0.61		华巨公寓	0.54
	赤峰道小区	0.41		园荫里	4.95
	吉林道 24 号楼	0.35			

续表

站点名称	小区名称	规模 /hm²	站点名称	小区名称	规模 /hm²
津湾广场站	复新楼	0.09			
	承德道小区	0.94			

附录 D　样本站点主要公共服务设施统计

站点名称	教育设施名称	医疗设施名称	行政办公设施名称
本溪路站	1 天津市化学工业学校 2 天津市方舟实验中学	1 天津红桥杏林医院 2 天津红桥健安医院	1 中海油天津化工研究设计院有限公司
小白楼站	1 天津市第二十中学 2 天津市第十六中学 3 天津市第二十中学附属小学 4 天津市新华中学 5 天津医科大学	1 天津市和平保育院 2 天津市公安医院 3 天津河西万泰中医医院	1 凯旋门大厦 2 中化写字楼 3 平安大厦 4 天津市规划和自然资源局 4 联合信用大厦 6 中共天津市委老干部局 7 天津市财政局 8 天津国际航运金融中心 9 平安泰达金融中心 10 港澳大厦 11 中国人寿保险股份有限公司 12 天津国际大厦
土城站	1 天津师范大学第二附属小学 2 天津市河西区土城小学 3 天津市第四中学 4 天津市第四十二中学	1 天津医院	1 天津日报报业集团 2 天津光电集团有限公司 3 天津市公交集团第二客运有限公司
咸阳路站	1 天津市第四十三中学 2 天津市南开区咸阳路小学 3 天津市南开区科技实验小学 4 天津市南开区第二中心小学	1 天津市民政局老年病医院 2 天津市黄河医院 3 天津南开明丰医院 4 椿楦养老院	1 天津市城市管理综合执法局 2 国家海洋技术中心 3 南开区新闻出版局 4 环兴科技园
长虹公园站	1 南开艺术小学 2 天津市崇化中学	1 天津市黄河医院	1 天津市南开区公务员局 2 天津南开文化中心大剧场 3 天津市南开区老干部活动中心 4 大通大厦 5 通耀大厦 6 天津中天制药有限公司 7 天津市汽车水箱厂 8 虹畔大厦 9 力神大通传媒大厦

续表

站点名称	教育设施名称	医疗设施名称	行政办公设施名称
翠阜新村站	1 天津市新闻出版中等职业学校 2 天津市河东区第二中心小学		1 海富新都大厦 2 天津市公安局身份证制作中心
卞兴路站	1 南开区跃升里小学		无
东南角站	1 万全小学	1 天津欧亚肛肠医院 2 天津市永安医院	1 中国移动通信集团天津有限公司 2 和平创新大厦
顺驰桥站	1 天津城建大学 2 天津市河东区前程小学育才分部 3 天津市第三十二中学初中部 4 天津市河东区前程小学	1 天津市听力障碍专科医院 2 鸿寿丰泰老人院 3 康悦老人院	1 天津市三源电力变电运维管理有限公司 2 天津市行政许可服务中心 3 河东区突发公共卫生事件应急处理中心 4 路灯大厦
张兴庄站	1 天津市第九十六中学 2 天津市兴华小学 3 宜兴埠第一小学 4 天津市印刷装潢技术学校 5 天津中孚职工中等专业学校	无	无
和平路站	1 天津市双菱中学 2 天津市第十一中学 3 天津市和平区四平东道小学	1 天津市口腔医院 2 天津和平新世纪妇儿医院 3 天津市中心妇产科医院和平院区	1 天津市和平区档案馆 2 鼎旺大厦 3 天津环球金融中心 4 天津市烟草专卖局 5 中国银行保险监督管理委员会天津监管局 6 天津市轻纺众创大厦
西康路站	1 天津医科大学 2 新星小学 3 天津市第五十五中学 4 天津市第一中学 5 西康路小学 6 岳阳道小学	1 天津医科大学总医院 2 天津和平津萃医院 3 天津和平香榭中医院	1 天津市政工程设计研究总院有限公司 2 天津市和平区人民法院营口道院区 3 天津市居住证积分服务中心 4 天津市劳动人事争议仲裁院 5 翰石和谐大厦

续表

站点名称	教育设施名称	医疗设施名称	行政办公设施名称
吴家窑站	1 天津师范大学八里台校区 2 天津师范大学附属小学 3 天津市实验中学 4 平山道小学 5 天津市第二十一中学 6 天津市第九十中学 7 天津医科大学	1 天津医科大学口腔医院 2 天津市妇女儿童保健中心 3 天津市和平区新兴医院 4 晟耆第三老人院	1 先特写字楼 2 天津市土木工程学会 3 天津中海广场写字楼
津湾广场站	1 天津市第十七中学	1 天津市口腔医院 2 天津和平新世纪妇儿医院 3 现代和美医院	1 天津环球金融中心 2 天津金融博物馆 3 天津市烟草专卖局 4 中国银行保险监督管理委员会天津监管局 5 天津市轻纺众创大厦 6 国网天津市电力公司 7 恒大地产集团天津有限公司 8 龙门大厦 9 茂业大厦 10 津湾广场写字楼
王顶堤站	1 南开大学迎水道校区 2 天津市南开区新星小学 3 华苑小学	1 天津元和医院	1 迎顺大厦

附录 E 样本站点出入口形式统计表

站点名称	出入口名称	出入口类型	出入口周边主要设施
本溪路站	A	独立式	天津市第九金属制品厂、中国船舶集团第七〇七研究所
	B	独立式	新凯里第二塑料厂、天津化工研究设计院
	C	独立式	天津市红桥区咸阳医院、本溪路小学、天津工程机械研究院
	D	独立式	绥中楼、天津市工贸学校
小白楼站	A	融入式	朗香街、小白楼音乐广场、滨江购物中心、凯旋门大厦
	B	独立式	天津国际大厦、天津市第二十中学、新华中学、天津市公安医院
	C	独立式	中国建设银行天津分行、天津图书大厦、天津外国语大学、天津国际贸易中心
	D	独立式	朗香街、小白楼音乐广场、滨江购物中心、凯旋门大厦
土城站	A	融入式	天津医院、天津骨科医院、登发装饰城、公共汽车换乘站
	B	独立式	天津市公安局、天津市公安局巡警总队、红星里
	C	独立式	天津市河西区土城小学、天津市河西区有线电视台、新城小区
	D	独立式	河西商场、红云里
咸阳路站	G	独立式	红日南路、黄河道、向阳路、天津旅游育才职业中等专业学校
	I	独立式	华阳里、彩霞里、天津市第四十三中学、国家海洋技术中心专家公寓、翰园里、向阳路楼
长虹公园站	A	独立式	黄河影剧院、天津市黄河医院、红汾里、闻喜里、天津市崇化中学
	B	独立式	大通公寓、华美里、郁美净集团、郁美净孔雀园
	C	独立式	津福实木家具、长虹公园
	D	独立式	星光广场、虹畔大厦
	G	独立式	华安北里、宜川北里幼儿园、天津市南开区人民政府

续表

站点名称	出入口名称	出入口类型	出入口周边主要设施
翠阜新村站	A	独立式	翠阜新村、倚营里、爱营里、星河花园、怡东轩酒楼、世纪泰达国际公寓
	C	独立式	海富新都酒店、海富新都商业中心、九河国际村
卞兴路站	A	独立式	嘉汇园、慧轩家园
	B	独立式	运通家园
东南角站	B	融入式	创新大厦、南马路、天津银行、新世界百货、远东百货
	C	融入式	和平路、通南路、进步桥、同庆后、万全小学荣吉大街校区、移通大厦、裕德里
	D	融入式	金汤桥、古文化街天后宫、胜利广场
顺驰桥站	B1	独立式	新东方鹏汇市场、新东方家园、金色家园、滇池里、中北里
	C	独立式	新东方家园、金色家园、滇池里、中北里
张兴庄站	B	独立式	宜白路、宜兴埠镇、玉翠里
	E	独立式	宜正路、下卫道、玉成里、玉琢里
和平路站	B	融入式	大沽北路、哈尔滨道、劝业场、天津市口腔医院、天津和平新世纪妇儿医院、中国大戏院、津塔
	E	融入式	承德道、丹东路、赤峰道、天津中心公园、瓷房子、渤海大楼、狗不理大酒店、国民饭店、金龙湾酒店、和平路商业街、中国联通营业厅
西康路站	B	独立式	昆明路、营口道、竞业里、天兴里、绵阳道、地矿大厦、天津银行、天津地矿珠宝公司、天津和平萃医院、天津宝石检测中心、中国邮政储蓄银行天津分行
	C	独立式	新兴路、西康路、气象台路、天津市政工程设计研究总院、交通银行、中国光大银行、天津银行、中国建设银行
吴家窑站	A1	独立式	德才里、吴家窑大街
	A2	独立式	朝阳里（南二门）、河沿道、气象台路、天津市和平区新兴医院、华润万家
	B	独立式	气象台路、蓝天幼儿园、凯撒皇宫大酒店、马场街道春光楼社区
	D	独立式	德才里、气象台路、平山道小学、天津市实验中学、天津市河西区马场医院、卫星里购物广场、天水淘宝城

续表

站点名称	出入口名称	出入口类型	出入口周边主要设施
津湾广场站	A	融入式	张自忠路、解放北路
	B	融入式	张自忠路、解放北路、百福大楼
	D	融入式	松江路、中信银行天津金融城支行
王顶堤站	A	独立式	王顶堤商业中心、南开大学（迎水道校区）、天津市第一一〇中学、迎水北里
	D	独立式	天津市南开区王顶堤房管站、明园里、林苑北里

附录 F　样本站点站域公交站点分布示意

站点	公交车站点分布	公交站点（公交线路）
本溪路站		1 本溪路（22，34，37，351，602，649，732，801） 2 本溪路地铁站（34，37，345，351，602，606，634，658，700，725，732，962） 3 绥中南楼（22，34，37，351，602，649，724，725，732，801，通勤 649） 4 宁城楼（47，48，367，606，634，658，700，725，962，通勤快车 22 路） 5 本溪楼（22，47，48，345，642，658，801）
小白楼站		1 小白楼（600，642，643，673，840，842，847，866，871，902，963，机场专线 4 路，津游 1 线，通勤快车 1 路，校线 1 路） 2 曲阜道（13，93，96，96 区间，158，186，605，642，688，760，826，860，866，868，953，963，观光 1 路） 3 开封道（93 路，96 路，96 路区间） 4 湖北路站（3，20，97，600，629，643，652，673，693，808，830，840，842，846，847，871，902，904，962，机场专线 4 路，通勤快车 1 路，校线 1 路，专线 678 路） 5 音乐厅（866，963） 6 小营门（3，20，97，503，606，629，631，632，641，652，657，659，693，808，830，846，867，904，962，专线 678 路） 7 小白楼地铁站（604，佛罗伦萨小镇免费班车 1 号线） 8 香港路（604，632，657，685，953，专线 678） 9 凯旋门（3，20，97，600，629，643，652，673，693，808，830，840，842，846，847，871，902，904，962，机场专线 4 路，通勤快车 1 路，校线 1 路，专线 678 路） 10 合肥道（13，685，803，826，862，953，通勤快车 17 路） 11 大营门（3，20，97，604，606，629，631，641，652，659，685，693，706，808，830，846，860，866，867，868，962，963，观光 1 路） 12 浦口道（13，604，632，657，685，803，862，904）

续表

站点	公交车站点分布	公交站点（公交线路）
土城站		1 天津日报大厦（20，95，529，631，659，677，682，697，835，855，857，858，908，912，954，观光1路） 2 围 堤 道（93，96，96区 间，97，158，186，605，629，652，676，688，693，808，857，912，通勤629） 3 尖山宿舍（20，95，529，631，659，677，682，697，835，855，857，858，908，912，954，观光1路） 4 土城（93，95，97，152，529，629，631，652，676，693，808，835，855，858，859，908，观光1路，通勤629路，校线6路） 5 大沽南路（20，96，158，186，605，659，677，682，688，697，859，954，通勤665，通勤682）
咸阳路站		1 向阳路站（3） 2 咸阳路地铁站（31，308，858，867） 3 天泰花园小区（31，330，645，673，686，700，836，850） 4 渭水道站（308，330，700，850）
长虹公园站		1 临潼里站（645，673，686，858，867） 2 黄河道站（47，48，52，192，841，879，911） 3 华安北里（860） 4 红旗路站（191，645，645路区间，673，841，903，通勤快车4路，校车3路） 5 长虹公园站（47，48，52，191，192，686，858，867，879，903，911）

附　　录

续表

站点	公交车站点分布	公交站点（公交线路）
翠阜新村站		1 益寿东里站（32，352，602，861）； 2 翠阜新村站（32，35，35 路区间，353，461，462，602，622，635，660，663，689，861，907）； 3 上杭花园站（32，35，35 路区间，353，461，462，602，622，635，660，663，689，861，907，机场专线 4 路）； 4 临池里站（35，35 路区间，353）； 5 月牙西里站（861）
卞兴路站		无
东南角站		1 鼓楼东（1，1 路区间，5，24，37，605，606，606 区间，609，610，611，619，632，633，634，641，642，646，651，652，659，670，671，672，675，681，688，693，801，804，806，824，829，836，840，846，849，878，904，908，954，962，观光 1、2、3 路） 2 远东百货（632，633，641，670，671，804，849，904，908，954，观光 2 路） 3 时代广场（1，1 路区间，5，37，156，191，619，634，670，671，693，801，804，836，837，观光 3 路） 4 兴安路南市（1，1 路区间，37，619，693，837） 5 南市（1 路区间，671） 6 南市食品街（24，605，606，606 区间，609，610，611，632，642，645，645 路区间，646，651，652，659，670，671，672，675，681，688，801，804，806，824，829，846，860，878，904，908，954，962，观光 1、2 路） 7 兴安路北安桥口（1，1 路区间，37，619，693，837）

· 147 ·

续表

站点	公交车站点分布	公交站点（公交线路）
顺驰桥站		1 井冈山路（42，340，828） 2 东盈里站（42，327，340，574，828） 3 复兴庄（828） 4 新东方家园（42，327，340，574，828） 5 祁和新苑（327，574，622，635，660，663，689，907） 6 中北里（516，635，639，660，663，665，689，828，842，902，机场专线4路，通勤快车1路） 7 卫国道97号院（30，30路区间，42，47，48，516，608，639，656，871，912）
张兴庄站		1 民宜里站（27，670，675，803，878，908） 2 玉琢里站（670，675，852） 3 振宜楼站（27，670，803，852，878，908） 4 聚贤道站（863，901） 5 纸箱厂站（675）
和平路站		1 津塔站（1，1路区间，20，24，37，605，642，688，824，837，观光1路） 2 口腔医院北站（35路区间） 3 口腔医院站（1，1路区间，13，20，28，35，37，50，92，96区间，97，185，186，189，190，605，642，660，688，760，808，837，845，868，901，951，953，观光1路） 4 渤海大楼（1，1路区间，35，35路区间，50，97，901，845，951，20，189，808） 5 中心公园站（9，9路区间，37，92，93，185，611，629，826，827，828，830，831，837，838，851） 6 山东路站（1，1路区间，9路区间，35，35路区间，50，189，190，611，619，693，838，851，860，901，904，962） 7 大同路临时站（28，605，642，660，688，760，868，观光1路）

续表

站点	公交车站点分布	公交站点（公交线路）
西康路站		1 四平西道站（858，878，879，901，908） 2 何兴村站（858，862，908） 3 沙市道站（858，862，908） 4 云南路站（800，838，870） 5 市一中站（189，190，800，838，870，通勤快车16路，校车10路，校车1路，校车2路） 6 贵州路站（35，35路区间） 7 西康路地铁站（35，35路区间）
吴家窑站		1 医学院站（35，35路区间，862，878，879，901） 2 德才里站（47路区间，47，48，48路区间，95，175，189，190，662，685，831，845，855，870，871，872，902，904，968，观光2路） 3 佟楼（9，9路区间，47路区间，47，48，48路区间，95，175，310，662，677，685，697，698，831，845，855，870，871，872，902，904，951，963，968，观光2路） 4 气象台路德才里（9，9路区间，35，35路区间，310，677，685，697，878，879，901，951，952，963，通勤车24路） 5 卫津路（872） 6 平山道德才里（870，871，872） 7 实验中学（870，871，872，校车10路，校车1路，校车4路）
津湾广场站		1 天津站（5，8，13，24，27，28，50，97，186，188，461，462，469，570，621，634，638，639，645，660，663，666，672，689，760，802，808，824，832，951，953，961） 2 河北自由道（189，191） 3 津湾广场（津游1线） 4 口腔医院北（35路区间） 5 台儿庄路津湾广场（13，953）

续表

站点	公交车站点分布	公交站点（公交线路）
王顶站堤		1 堤南里（831） 2 迎水北里（95，608，609，616，685，687，698，835，849，850，872，观光2路，快速2路，通勤快车5路，通勤快车8路，校线8路） 3 王顶堤北公交站（95，703，847）

附录 G　我国大城市中心城区轨道交通站域空间环境特征评价指标调查问卷

尊敬的被访者：

您好，我们正在进行"轨道交通站域空间环境特征综合评价"课题的研究，感谢您在百忙之中参与问卷调查。本问卷将作为轨道交通站域空间环境特征综合评价的支撑材料，不涉及任何商业及其他行为，衷心感谢您的参与和支持，望您不吝赐教。

第一部分　基本情况

1. 您的性别

○ 男　　○ 女

2. 您的年龄

○ 18～25 岁　　　○ 26～35 岁　　　○ 36～45 岁

○ 46～55 岁　　　○ 56～65 岁　　　○ 65 岁以上

3. 您的文化程度

○ 高中（中专）　○ 本科（大专）　○ 研究生（硕士）及以上

第二部分　填写说明

1. 评价指标问卷

为避免复杂的层级体系对评判产生干扰，您仅对其中二级指标内容评级即可。

使用五点式李克特量表直接在每行评分栏中对相应二级指标内容的重要程度进行评价即可。

五点式李克特量表是指有 5 个评价等级的量表，使用数字 1～5 进行表示。

除了表中所列二级指标外，您建议增加的重要指标有＿＿＿＿＿＿＿＿＿＿＿＿

＿＿＿＿＿＿＿＿＿＿＿＿＿＿＿＿＿＿＿＿＿＿＿＿。

2. 五点式李克特量表

五点式李克特量表评价等级与尺度

1	2	3	4	5
非常不重要	不重要	中立	重要	非常重要

3. 评价内容

评价目标	评价准则	一级指标	二级指标	评分
我国大城市中心城区轨道交通站域空间环境特征评价	土地利用及分布	居住空间土地利用及分布	居住小区数量	
			居住空间面积	
		商业空间土地利用及分布	商业空间面积	
			地上商业设施数量	
			地下商业设施数量	
		公共服务设施空间土地利用及分布	公共服务设施数量	
			公共服务设施空间面积	
		公共开放空间土地利用及分布	公共开放空间面积	
	功能构成	居住空间功能构成	"单位大院"类小区数量	
			"自筹资金建房"类小区数量	
			"经济型住房"类小区数量	
			"商品房"类小区数量	
		商业空间功能构成	业态数量	
			零售业业态数量	
			餐饮业业态数量	
			住宿业业态数量	
			娱乐业业态数量	

续表

评价目标	评价准则	一级指标	二级指标	评分
我国大城市中心城区轨道交通站域空间环境特征评价	功能构成	公共服务设施空间功能构成	教育类设施数量	
			医疗类设施数量	
			办公类设施数量	
		公共开放空间功能构成	绿地公园数量	
			城市广场数量	
			开放水体数量	
	交通条件	内部交通条件	交通空间面积	
			慢行路径数量	
			道路交叉口数量	
			过街天桥数量	
			地下通道数量	
			轨道交通站点出入口种类	
			轨道交通站点出入口数量	
			站点范围内公交站点数量	
			站点范围内公交线路数量	
		对外交通条件	站域范围内公交站点数量	
			站域范围内公交线路数量	

附录 H 我国大城市中心城区轨道交通站域空间环境特征影响因素之间的相对权重专家调查问卷

尊敬的被访者：

您好，我们正在进行"轨道交通站域空间环境特征综合评价"课题的研究，感谢您在百忙之中参与问卷调查。本问卷将作为轨道交通站域空间环境特征综合评价的支撑材料，不涉及任何商业及其他行为，衷心感谢您的参与和支持，望您不吝赐教。

第一部分 基本情况

1. 您的性别

○ 男　　○ 女

2. 您的年龄

○ 18～25 岁　　　　○ 26～35 岁　　　　○ 36～45 岁

○ 46～55 岁　　　　○ 56～65 岁　　　　○ 65 岁以上

3. 您的文化程度

○ 高中（中专）　　○ 本科（大专）　　　○ 研究生（硕士）及以上

第二部分 填写说明

1. 问题描述

目前我国的轨道交通发展迅猛，轨道交通的快速全面发展为站点沿线的城市空间开发带来了新的机遇与挑战，轨道交通站域空间的开发成为未来我国城市建设的重点，亟须构建适用的站域空间开发理论、多元整体的开发体系和更精准化精细化的开发策略。本研究从空间环境特征综合评价的角度，尝试构建定性分析模型评价的轨道交通站域空间开发体系和科学的站域空间环境特征综合评价方法。

笔者在研究中构建了一个"轨道交通站域空间环境特征综合评价的层次分析－理想点法理论模型"作为此次调查的对象，如表 1 所示。

表1 我国大城市中心城区轨道交通站域空间环境特征综合评价层次结构模型

目标层	准则层 I	准则层 II（第一指标层）	准则层 III（第二指标层）
我国大城市中心城区轨道交通站域空间环境特征评价 A	土地利用及分布 B1	居住空间土地利用及分布 C1	居住小区数量 D1
			居住空间面积 D2
		商业空间土地利用及分布 C2	商业空间面积 D3
			地上商业设施数量 D4
		公共服务设施空间土地利用及分布 C3	公共服务设施数量 D5
			公共服务设施空间面积 D6
		公共开放空间土地利用及分布 C4	公共开放空间面积 D7
	功能构成 B2	居住空间功能构成 C5	"单位大院"类小区数量 D8
			"自筹资金建房"类小区数量 D9
			"经济型住房"类小区数量 D10
			"商品房"类小区数量 D11
		商业空间功能构成 C6	业态数量 D12
			零售业业态数量 D13
			餐饮业业态数量 D14
			住宿业业态数量 D15
			娱乐业业态数量 D16
		公共服务设施空间功能构成 C7	教育类设施数量 D17
			医疗类设施数量 D18
			办公类设施数量 D19
		公共开放空间功能构成 C8	绿地公园数量 D20
	交通条件 B3	内部交通条件 C9	过大规模封闭地块数量 D21
			慢行路径数量 D22
			道路交叉口数量 D23
			轨道交通站点出入口种类 D24

续表

目标层	准则层 I	准则层 II （第一指标层）	准则层 III （第二指标层）
我国 大城市 中心城区 轨道交通 站域空间 环境特征 评价 A	交通 条件 B3	内部交通条件 C9	轨道交通站点出入口数量 D25
			站点范围内公交站点数量 D26
			站点范围内公交线路数量 D27
		对外交通条件 C10	站域范围内公交站点数量 D28
			站域范围内公交线路数量 D29

2. 问卷说明

此调查问卷的目的在于确定轨道交通站域空间环境特征影响因素之间的相对权重，调查问卷按照层次分析法的形式设计。此方法是在同一个层次内对影响因子的重要性进行两两比较，衡量尺度分为 9 个等级。

等级	同等 重要	稍微 重要	相当 重要	明显 重要	绝对 重要	稍微不 重要	相当不 重要	明显不 重要	绝对不 重要
要素 A 相对 要素 B 比较	1	3	5	7	9	1/3	1/5	1/7	1/9
	2、4、6、8、1/2、1/4、1/6、1/8 为上述判断标准的中间值								

同一组因子之间要符合逻辑一致性，如 A ＞ B，A ＜ C，则 B ＜ C 必须成立，否则问卷无效。

第三部分　各指标权重的打分

1. 准测层 I 的相对重要性

等级	同等 重要 1	稍微 重要 3	相当 重要 5	明显 重要 7	绝对 重要 9	稍微不 重要 1/3	相当不 重要 1/5	明显不 重要 1/7	绝对不 重要 1/9
土地利用及 分布 B1/ 功 能构成 B2	○	○	○	○	○	○	○	○	○
土地利用及 分布 B1/ 交 通条件 B3	○	○	○	○	○	○	○	○	○

· 156 ·

续表

等级	同等 重要 1	稍微 重要 3	相当 重要 5	明显 重要 7	绝对 重要 9	稍微不 重要 1/3	相当不 重要 1/5	明显不 重要 1/7	绝对不 重要 1/9
功能构成 B2/ 交通条 件 B3	○	○	○	○	○	○	○	○	○

2. 准则层 II 的相对重要性

（1）土地利用及分布特征组比较

等级	同等 重要 1	稍微 重要 3	相当 重要 5	明显 重要 7	绝对 重要 9	稍微不 重要 1/3	相当不 重要 1/5	明显不 重要 1/7	绝对不 重要 1/9
居住空间土地利 用及分布 C1/ 商 业空间土地利用 及分布 C2	○	○	○	○	○	○	○	○	○
居住空间土地利 用及分布 C1/ 公共服务设施空间 土地利用及分布 C3	○	○	○	○	○	○	○	○	○
居住空间土地利 用及分布 C1/ 公 共开放空间土地 利用及分布 C4	○	○	○	○	○	○	○	○	○
商业空间土地利 用及分布 C2/ 公 共服务设施空间 土地利用及分布 C3	○	○	○	○	○	○	○	○	○
商业空间土地利 用及分布 C2/ 公 共开放空间土地 利用及分布 C4	○	○	○	○	○	○	○	○	○
公共服务设施空 间土地利用及分 布 C3/ 公共开放 空间土地利用及 分布 C4	○	○	○	○	○	○	○	○	○

（2）功能构成特征组比较

等级	同等 重要 1	稍微 重要 3	相当 重要 5	明显 重要 7	绝对 重要 9	稍微不 重要 1/3	相当不 重要 1/5	明显不 重要 1/7	绝对不 重要 1/9
居住空间功能构成 C5/ 商业空间功能构成 C6	○	○	○	○	○	○	○	○	○
居住空间功能构成 C5/ 公共服务设施空间功能构成 C7	○	○	○	○	○	○	○	○	○
居住空间功能构成 C5/ 公共开放空间功能构成 C8	○	○	○	○	○	○	○	○	○
商业空间功能构成 C6/ 公共服务设施空间功能构成 C7	○	○	○	○	○	○	○	○	○
商业空间功能构成 C6/ 公共开放空间功能构成 C8	○	○	○	○	○	○	○	○	○
公共服务设施空间功能构成 C7/ 公共开放空间功能构成 C8	○	○	○	○	○	○	○	○	○

（3）交通条件特征组比较

等级	同等 重要 1	稍微 重要 3	相当 重要 5	明显 重要 7	绝对 重要 9	稍微不 重要 1/3	相当不 重要 1/5	明显不 重要 1/7	绝对不 重要 1/9
内部交通条件 C9/ 对外交通条件 C10	○	○	○	○	○	○	○	○	○

3. 准则层Ⅲ的相对重要性

（1）居住空间土地利用及分布特征组比较

等级	同等 重要 1	稍微 重要 3	相当 重要 5	明显 重要 7	绝对 重要 9	稍微不 重要 1/3	相当不 重要 1/5	明显不 重要 1/7	绝对不 重要 1/9
居住小区数 量 D1/ 居住 空间面积 D2	○	○	○	○	○	○	○	○	○

（2）商业空间土地利用及分布特征组比较

等级	同等 重要 1	稍微 重要 3	相当 重要 5	明显 重要 7	绝对 重要 9	稍微不 重要 1/3	相当不 重要 1/5	明显不 重要 1/7	绝对不 重要 1/9
商业空间面 积 D3/ 商 业空间数量 D4	○	○	○	○	○	○	○	○	○

（3）公共服务设施空间土地利用及分布特征组比较

等级	同等 重要 1	稍微 重要 3	相当 重要 5	明显 重要 7	绝对 重要 9	稍微不 重要 1/3	相当不 重要 1/5	明显不 重要 1/7	绝对不 重要 1/9
公共服务设 施空间数量 D5/ 公共服务 空间面积 D6	○	○	○	○	○	○	○	○	○

（4）居住空间功能构成特征组比较

等级	同等 重要 1	稍微 重要 3	相当 重要 5	明显 重要 7	绝对 重要 9	稍微不 重要 1/3	相当不 重要 1/5	明显不 重要 1/7	绝对不 重要 1/9
"单位大院"类小 区数量 D8/ "自筹 资金建房"类小区 数量 D9	○	○	○	○	○	○	○	○	○
"单位大院"类小 区数量 D8/ "经 济型住房"类小区数 量 D10	○	○	○	○	○	○	○	○	○

续表

等级	同等 重要 1	稍微 重要 3	相当 重要 5	明显 重要 7	绝对 重要 9	稍微不 重要 1/3	相当不 重要 1/5	明显不 重要 1/7	绝对不 重要 1/9
"单位大院"类小区数量 D8/"商品房"类小区数量 D11	○	○	○	○	○	○	○	○	○
"自筹资金建房"类小区数量 D9/"经济型住房"类小区数量 D10	○	○	○	○	○	○	○	○	○
"自筹资金建房"类小区数量 D9/"商品房"类小区数量 D11	○	○	○	○	○	○	○	○	○
"经济型住房"类小区数量 D10/"商品房"类小区数量 D11	○	○	○	○	○	○	○	○	○

（5）商业空间功能构成特征组比较

等级	同等 重要 1	稍微 重要 3	相当 重要 5	明显 重要 7	绝对 重要 9	稍微不 重要 1/3	相当不 重要 1/5	明显不 重要 1/7	绝对不 重要 1/9
业态数量 D12/ 零售业 POI 数量 D13	○	○	○	○	○	○	○	○	○
业态数量 D12/ 餐饮业 POI 数量 D14	○	○	○	○	○	○	○	○	○
业态数量 D12/ 住宿业 POI 数量 D15	○	○	○	○	○	○	○	○	○
业态数量 D12/ 娱乐业 POI 数量 D16	○	○	○	○	○	○	○	○	○
零售业 POI 数量 D13/ 餐饮业 POI 数量 D14	○	○	○	○	○	○	○	○	○
零售业 POI 数量 D13/ 住宿业 POI 数量 D15	○	○	○	○	○	○	○	○	○

续表

等级	同等 重要 1	稍微 重要 3	相当 重要 5	明显 重要 7	绝对 重要 9	稍微不 重要 1/3	相当不 重要 1/5	明显不 重要 1/7	绝对不 重要 1/9
零售业 POI 数量 D13/ 娱乐业 POI 数 量 D16	○	○	○	○	○	○	○	○	○
餐饮业 POI 数量 D14/ 住宿业 POI 数 量 D15	○	○	○	○	○	○	○	○	○
餐饮业 POI 数量 D14/ 娱乐业 POI 数 量 D16	○	○	○	○	○	○	○	○	○
住宿业 POI 数量 D15/ 娱乐业 POI 数量 D16	○	○	○	○	○	○	○	○	○

（6）公共服务设施空间功能构成特征组比较

等级	同等 重要 1	稍微 重要 3	相当 重要 5	明显 重要 7	绝对 重要 9	稍微不 重要 1/3	相当不 重要 1/5	明显不 重要 1/7	绝对不 重要 1/9
教育类设施数量 D17/ 医疗类 设施数量 D18	○	○	○	○	○	○	○	○	○
教育类设施数量 D17/ 办公类 设施数量 D19	○	○	○	○	○	○	○	○	○
医疗类设施数量 D18/ 办公类 设施数量 D19	○	○	○	○	○	○	○	○	○

（7）内部交通条件特征组比较

等级	同等 重要 1	稍微 重要 3	相当 重要 5	明显 重要 7	绝对 重要 9	稍微不 重要 1/3	相当不 重要 1/5	明显不 重要 1/7	绝对不 重要 1/9
过大规模封闭地块 数量 D21/ 慢行路 径数量 D22	○	○	○	○	○	○	○	○	○

续表

等级	同等重要 1	稍微重要 3	相当重要 5	明显重要 7	绝对重要 9	稍微不重要 1/3	相当不重要 1/5	明显不重要 1/7	绝对不重要 1/9
过大规模封闭地块数量 D21/ 道路交叉口数量 D23	○	○	○	○	○	○	○	○	○
过大规模封闭地块数量 D21/ 轨道交通站点出入口种类 D24	○	○	○	○	○	○	○	○	○
过大规模封闭地块数量 D21/ 轨道交通站点出入口数量 D25	○	○	○	○	○	○	○	○	○
过大规模封闭地块数量 D21/ 站点范围内公交站点数量 D26	○	○	○	○	○	○	○	○	○
过大规模封闭地块数量 D21/ 站点范围内公交线路数量 D27	○	○	○	○	○	○	○	○	○
慢行路径数量 D22/ 道路交叉口数量 D23	○	○	○	○	○	○	○	○	○
慢行路径数量 D22/ 轨道交通站点出入口种类 D24	○	○	○	○	○	○	○	○	○
慢行路径数量 D22/ 轨道交通站点出入口数量 D25	○	○	○	○	○	○	○	○	○
慢行路径数量 D22/ 站点范围内公交站点数量 D26	○	○	○	○	○	○	○	○	○
慢行路径数量 D22/ 站点范围内公交线路数量 D27	○	○	○	○	○	○	○	○	○

续表

等级	同等 重要 1	稍微 重要 3	相当 重要 5	明显 重要 7	绝对 重要 9	稍微不 重要 1/3	相当不 重要 1/5	明显不 重要 1/7	绝对不 重要 1/9
道路交叉口数量 D23/ 轨道交通站点出入口种类 D24	○	○	○	○	○	○	○	○	○
道路交叉口数量 D23/ 轨道交通站点出入口数量 D25	○	○	○	○	○	○	○	○	○
道路交叉口数量 D23/ 站点范围内公交站点数量 D26	○	○	○	○	○	○	○	○	○
道路交叉口数量 D23/ 站点范围内公交线路数量 D27	○	○	○	○	○	○	○	○	○
轨道交通站点出入口种类 D24/ 轨道交通站点出入口数量 D25	○	○	○	○	○	○	○	○	○
轨道交通站点出入口种类 D24/ 站点范围内公交站点数量 D26	○	○	○	○	○	○	○	○	○
轨道交通站点出入口种类 D24/ 站点范围内公交线路数量 D27	○	○	○	○	○	○	○	○	○
轨道交通站点出入口数量 D25/ 站点范围内公交站点数量 D26	○	○	○	○	○	○	○	○	○
轨道交通站点出入口数量 D25/ 站点范围内公交线路数量 D27	○	○	○	○	○	○	○	○	○
站点范围内公交站点数量 D26/ 站点范围内公交线路数量 D27	○	○	○	○	○	○	○	○	○

（8）外部交通条件特征组比较

等级	同等 重要 1	稍微 重要 3	相当 重要 5	明显 重要 7	绝对 重要 9	稍微不 重要 1/3	相当不 重要 1/5	明显不 重要 1/7	绝对不 重要 1/9
站域范围内 公交站点数 量 D28/ 站域范围内 公交线路数 量 D29	○	○	○	○	○	○	○	○	○

注：1. 该指标为根据本书对轨道交通站域空间的分类，将办公建筑密度修正后所得。

2. 需要说明的是，POI 数量不能完全代表业态数量，但是能大体表征业态结构，根据易操作的原则，本书选用 POI 数量商业空间的业态结构（D13、D14、D15、D16 同理）。